紫荆花开20年丛书

见证
60位香港青年眼中的回归20年

主编　洪锦铉　余嘉明

编委　丘健和　孔永乐　王颖怡
　　　吴志隆　陈晓锋　赖凯韵
　　　黄冰芬

·广州·

图书在版编目（CIP）数据

见证：60位香港青年眼中的回归20年／洪锦铉，余嘉明主编．—广州：广东高等教育出版社，2017.6

（紫荆花开20年丛书）

ISBN 978-7-5361-5977-8

Ⅰ．①见… Ⅱ．①洪… ②余… Ⅲ．①一国两制－香港 ②区域经济发展－概况－香港 ③社会发展－概况－香港 Ⅳ．① D6182 ② F127.658 ③ D927.658

中国版本图书馆CIP数据核字（2017）第152208号

出 版 人：唐永亮
丛书策划：黄红丽
责任编辑：刘秀芝 何栩隽
装帧设计：阿 丁
责任技编：肖宿华
责任校对：陈利群 蔡晓文 林 曼

出版发行	广东高等教育出版社
	社址：广州市天河区林和西横路
	邮编：510500 营销电话：（020）87553335
	http://www.gdgjs.com.cn
印 刷	佛山市浩文彩色印刷有限公司
开 本	787毫米×1 092毫米 1/16
印 张	13.5
字 数	210千字
版 次	2017年6月第1版
印 次	2017年6月第1次印刷
定 价	38.00元

（版权所有，翻印必究）

出版说明

　　2017年，香港回归祖国20周年。"一国两制"实施20年来，已经取得了很多好的经验，亟待总结、提升、推广。为了让大众更好地了解香港回归祖国20年来经济社会各方面的发展成就，为了更好地总结新经验、解决新问题，为"一国两制"事业构筑有力的学术支撑，我社特通过全国港澳研究会向会员们征稿，现将征稿成果编辑出版为"紫荆花开20年丛书"。

　　感谢全国港澳研究会的鼎力支持和指导，感谢各位会员的踊跃参与。由于时间仓促，书稿难免有不足之处，敬请读者批评指正。

广东高等教育出版社
2017年6月

前言

友人来港，短聚聊天，谈起香港青年的问题。他说起曾经听我在一个研究香港的讲座上分享青年服务的经验，有一句话让他印象深刻——"香港青年真的有问题吗？"

与青年同行20年，刚好香港也回归20年了。20年的光景，我见证了爱国爱港阵营青年工作的量变和质变，感受到大家对香港的青年发展的担忧。"香港青年工作很难做！"关心香港前景的朋友常会有如此感叹，因为香港的青年常被视为变差了。"哪里的青年工作容易做？"我会这样回问。我们需要设身处地、将心比心地看待青年。

学业、就业、置业是青年问题吗？不。这些是青年面临的和遭受的问题，不是他们自身的问题。青年或者学生他们有能力从制度上解决问题吗？制度上容许青年参与解决他们面临的问题吗？该反省的，若不反省，反而把问题推到青年身上，青年必定会成为问题。

国家认同感缺失是青年问题吗？我真心希望香港的青年都认同自己是中国人，为国家感到自豪。但有的青年缺乏国家认同，问题不在于他们自身，问题在于教导他们的人、引导的方法和教育的体系。

1997年，我升读大学，开始参与组织香港的大学生团体，策划一系列活动与大学生、中学生一起学习、经历和成长，我们一起回到祖国各地体验生活，感受祖国的变化，接触祖国的人民。参加的人数虽不多，却是深度体验。2017年，笔者依然与青年相伴同行，以前做的还在做，更多的是推动为主，主角是更年轻的一代。青年该亮相的时候，就让他们走上舞台，而我们担任配角或成为观众，在旁边、在台下与他们互动和欣赏他们，给予鼓励和掌声，我相信彼此的心才会更贴近。

当我们眼里没有青年，青年眼里就没有我们。香港有不少的青年默默地在各行各业里积极地为实现梦想而奋斗，只是他们的故事尚未被传扬。传扬那些鲜为人留意而又奋发向上的青年故事是我一直想做的。当他们成为焦点，香港的将来就有希望。

《见证——60位香港青年眼中的回归20年》就是以青年访问青年的方式，让青年写出他们眼中香港回归祖国20周年的景象，来自各阶层各行业的景象是青年的见证。书中的受访青年只是香港奋发有为青年中的小部分，他们代表的是香港的希望和动力。当他们成为众人眼中的主角时，他们将彰显更强的感染力和影响力。

洪锦铉
2017年6月

目 录

洪锦铉：治港人才，来自智库 \ 1
黄冰芬：上下一心，同心同德，香港前途一片光明 \ 4
张思颖：年轻人应刻苦用功读书，成为社会栋梁，为国家奉献 \ 9
甘文锋：勇于思考香港人心回归之道 \ 12
徐英伟：根在中国，家在香港 \ 15
许有为：建立信任，减少分化 \ 18
陈浩庭：香港青年应学会珍惜得来不易的幸福 \ 21
刘汉伦：滴水穿石，不放弃自己 \ 24
梁智锋：承前启后，共创明天 \ 27
孙蔼雯：不断增值自己，努力向梦想进发 \ 30
赖凯韵：关注香港年轻人对国民身份的认同 \ 32
郑　飞：团结静心解决问题 \ 35
黄海量：香港应专注发展多元经济，减少社会纷争 \ 38
王洛琳：放下成见，以和为贵 \ 41
张笑鸿：凭双手和热诚贡献香港 \ 44
黄锦良："一国两制"在香港的落实是成功的 \ 47

张家健： 求同存异，共同解决社会问题 \ 50

梁思韵： 教育需要很用心，要从学生角度出发，才能做得好 \ 53

曾文玉： 我对香港充满期待 \ 56

孔永乐： 香港教育需要重视中国元素 \ 60

陆贞元： 香港可协助国家推动"一带一路"倡议 \ 63

陈晓锋： 我对香港未来充满信心 \ 66

袁尚文： 香港青年应把握"一带一路"的机遇，一展所长 \ 69

梁泽轩： 香港人要接受自己是中国人 \ 72

陈伟平： 海峡两岸暨香港、澳门应共同担负中华民族伟大复兴的
历史使命 \ 76

杨田田： 内地与香港融合是大势所趋；希望香港能把握国家发展的
机遇，发挥比较优势 \ 79

梁跃释： 特区政府应思考如何减少纷争，使社会健康发展 \ 82

梁浩宏： 矢志要做的，便要坚定意志尽全力地去做 \ 85

张瀚文： 无所畏惧，迎难而上，寻找自己的天空 \ 88

赖志锋： 用生命感染生命，让正能量在社会健康循环 \ 91

梁海宁： 期望香港未来医疗体系能跟上时代发展 \ 94

陈可昕： 香港需要提高中医地位 \ 98

邓铭心： 深信香港能够在国际舞台上继续发光发亮 \ 101

邵展超： 对香港前景充满信心 \ 105

陈健民： 香港应向多方面发展，以保持优势 \ 108

Ali Furhad： 我爱香港，机遇无限 \ 111

陈智敏： 放下成见，自强不息 \ 114

黄　鹏： 要从"香港人"转变为"中国的香港人" \ 117

于承忠： 香港需要更多配套政策发展物流业 \ 122

曾荣辉： 中华儿女，血浓于水 \ 125

Maryam Hussain： 不轻言放弃 \ 130

孙绍豪： 认清世界在变，港人背靠祖国才有出路 \ 133

吴志隆： 与其怨天怨地，不如开天辟地 \ 136

刘　瑶： 学会包容和体谅，让香港回到和谐、美好的环境 \ 140

杨洁心： 活在当下，努力当下，享受今日，不忘人生初衷 \ 144

高松杰： 改变命运，以音乐助人自助 \ 148

简家铭： 专注追寻梦想，为社会创造价值 \ 151

朱罡霆： 希望内地与香港能更融洽，互相促进发展 \ 155

唐钧豪： 应该积极推动科技发展，鼓励年轻人投身创新科技行业 \ 159

张达成： 希望"香港好，国家更好" \ 162

吴钦武： 年轻人要保持积极开放的心态，不怨天尤人 \ 166

杨晓航： 香港和内地的关系会变得更好 \ 170

贾　超： 全情投入，奉献香港 \ 174

陈子翔： 常谦虚、常饥渴、常帮助，打造自己的未来 \ 177

吴池力： 积极发掘香港的真善美，未来必会很精彩 \ 181

钟明新： 凭着狮子山下的精神，勇往直前 \ 185

罗华辉： 事业的成功在于拼搏，人生的价值在于奉献 \ 189

钟　丹： 自强不息，创造未来 \ 193

石俊杰： 香港是一个繁荣安定、幸福美满的城市 \ 197

潘俊恩： 天下为一家，中国为一人 \ 201

后　　记 \ 205

洪锦铉：治港人才，来自智库

洪锦铉，现任香港特别行政区观塘区议会副主席，民建联①中央委员会常务委员，香港城市智库召集人，全国港澳研究会会员。1976年出生于福建，20世纪80年代随父母移居香港，毕业于香港理工大学。毕业不久即创办香港"城市智库"，提出"治港人才，来自智库"的看法。于2007年11月当选观塘区议员，有"票王"之称（观塘区票王、民建联票王）。

---

① 民建联：民主建港协进联盟的简称，成立于1992年7月10日，是香港现在最大的政治组织，也是香港立法会最大政党。

受访者：洪锦铉（以下简称为"洪"）
采访者：陈晓锋（以下简称为"陈"）

陈：洪议员，你可以给我们介绍一下你担任区议员的工作吗？

洪：区议会是一个咨询架构，让各界反映意见，促使特区政府① 接纳民间想法，使事情能满足社会需要。区议员应该从伙伴的角度出发，而不是在对立角度争权夺利。

另外，我感觉到，现时社区的选民对议员的要求期望也比以前高很多，要"急市民所急，想市民所想，做市民想做"。在网络年代，一个好的区议员，不能只埋头苦干，也要懂得宣传，地区政绩及宣传工作两者是缺一不可的。议员不仅要做好民生工作，还要做好理念宣传。

陈：你可以跟我们分享一下你平时是如何在社区开展工作的吗？

洪：我主张将"微笑社区"的服务理念融入我们的日常工作和服务中，通过"微笑社区"把和谐的概念散播开去。因为我认为，微笑是一个人胸襟的展现，需要有一颗宽阔包容的心。个人品性的提升，能令社区更愉快，也能体现中国传统文化中的和谐精神。社区要愉快，社会才能进步。

洪锦铉先生工作照

---

① 如无特殊注明，本书出现的"特区政府"均指"香港特别行政区政府"。

陈：你在什么时候成立"城市智库"，可以给我们介绍一下吗？

洪："城市智库"于2001年成立，当初毕业之后非常热心社会公共事务，于是就与一帮志同道合的朋友一起组织了"城市智库"，那时我才25岁。当时我们提出的口号是"治港人才，来自智库"，相信未来只有政策来源及推动都由智库担任，香港才有出色的治港人才。我认为智库的发展方向应该是培育人才。

陈：我们也知道，香港的智库现在有很多，你觉得香港未来智库的发展会怎样呢？

洪：智库在国外十分常见，但在香港却不算蓬勃，特区政府对智库的发展一直不够重视。我们之所以成立"智库"，就是发现不少欧美国家的政府领导人、政策制定者都与智库组织有一定关联。智库是人才的来源，欧美国家的很多政府官员都来自智库。因为智库成员通常对某一项政策很熟悉，从头到尾跟进，所以一进政府部门，很快就可以上手，成为合格的官员。回归后，中央提出"港人治港"，那么就意味着你不仅要"治"，而且要自己去酝酿、去制定政策。这是一个很专业的过程。回归这么多年的一些表现，说明我们缺乏治港人才。

另外，智库还可以帮助政府宣传政策。老实说，特区政府在这方面做得还很不够，一些政策制定得很不错，但要么没有宣传，要么宣传的方式有问题，最后总是得不到民众的认可和支持。

当年成立"城市智库"，我们一班志同道合的青年满腔热血，誓要推动"治港人才，来自智库"的理想，不知不觉十几年过去了，不少成员从政了。香港智库也新增了不少，然而智库的生态未有多大改变，香港社会的尚智精神有待提高。但是无论如何，路选对了就要坚持下去，"城市智库"的使命还会继续！

陈：香港回归祖国20年，你有什么感想呢？

洪：香港回归祖国20年，香港的管治人才体系也正逐渐建立和完善。香港现在的管治人才主要来自特区政府的公务员体系，还有政党的推荐，另外还有一些学者和智囊团体的成员。未来希望这届的行政长官跟她的政府要在推动智库建设的方面投入更多。今年是回归的20周年，我相信未来整个政府的施政需要有更大的推动力去发挥智库的积极作用。

黄冰芬：
上下一心，同心同德，香港前途一片光明

　　黄冰芬，毕业于香港城市大学，中文系荣誉学士，香港中文大学社工系硕士，注册社工。投身社会后，首份工作是在沙田区担任议员助理，从事基层社区民生工作。2015年首次当选沙田区区议员，民建联中央委员会委员。

受访者：黄冰芬（以下简称为"黄"）
采访者：梁景愉（以下简称为"梁"）

梁： 冰芬，你好！我知道你是"80后"，但现在已是沙田区区议员。你真的很厉害，出选第二次便当选。

黄： 我现时是沙田区区议员。其实我不是在香港出生的，小时候跟随父亲由内地来港与家人团聚，并在香港成长。其实我在这段从政之路上也遇到了不少障碍。我不断做深刻反省，查找不足，努力改善，才能把挫败变成为成功的契机。回想我投身社会初期，投考特区政府的社区干事职位，被主考官询问有关政治、政党的问题，由于我当时对这些议题并不熟悉，故哑口无言，支吾以对，最终跟那个职位擦身而过。事后，我认真反省，觉得自己对香港这个自己成长的地方了解得太少，必须对香港有更深入的认识。同时，这也坚定了我在从政道路上的决心，希望可以通过从政更了解香港，服务市民。其后我自荐成为区议员助理，在从政道路上翻开新的一页。

在2011年首次参选沙田区议员，我与团队做好充分准备，期望可以赢出，但事与愿违，以些微票数落败。但是，我并没有因此而自怨自艾，反而认真分析落败的原因，认为自己存在不少有待改善的地方。于是，我更投入地区事务，用心了解当地居民的需要，视帮助居民为己任。最终，我获得更多居民的认同和支持，在2015年的区议会选举中赢出，如愿以偿当选区议员。

梁： 你现在是成功的从政者。对于其他有意在香港从政的青年，你有什么建议呢？

黄： 我认为在香港从政门槛高、成本高、收入低等，会令不少专业人士望而却步，影响议会的议政水平，并对政治人才的培训造成负面影响。以区议员为例，区议员对实际地区管理的影响有限，受到官僚和许多条例限制和掣肘。我认为应该给予区议会更多权力，处理和改善更多民生事宜，并吸纳更多人才。

出席新闻发布会（前排左二）

梁：那么，作为政界人士，你如何判断现在香港社会的情况？

黄：首先，在香港回归后，内地与香港融合出现一些问题。中央以经济合作作为融合的第一步，例如回归后不少港人到内地创业，也有不少内地人在香港上市公司工作，内地与香港在经济方面的确有不少合作。但我个人认为，经济合作对人心共融的作用没有达到理想状态。举一个例子，2003年"沙士"时期①之后，内地放宽"自由行"来港的政策，希望可以振兴香港低迷的经济。但在政策推出若干年后的今天，便出现一些弊端：例如香港店铺变得单一化，令生活必需品出现供不应求的情况，推高区内物价等，令部分香港市民对政策不满。

其次，香港的国民教育乏善可陈。不少论者认为国民教育等于"去殖民"，我个人并不同意。香港拥有独特的历史背景、丰富的文化色彩，但国民教育的内容，主要是介绍国家现况，加深人们对国家的认识。香港历史和国民教育并无矛盾之处，两者可以并存。故此，我不认同把香港历史和国民教育说成是水火不容。

---

① "沙士"：指SARS，严重急性呼吸道综合征。"沙士"时期指的是2003年香港SARS疫潮。

我们应在内地与香港融合的过程中定下目标，对症下药，如设定经济合作、文化共融等可操作的目标。而在这个过程中，自然需要特区政府和中央政府的互动和政策的配合，以及确定香港广大市民能从中获益。

梁：听起来，似乎内地与香港融合中出现的问题还有待解决。除了内地与香港融合外，你还关注哪些议题？

黄：首要的还是房屋，这是民生议题中的重中之重。香港房屋的价格一直居高不下，一般市民收入的增长远远追不及楼价的升幅，只能"望楼生惧"。我认为，如果房屋问题得不到改善，必使社会存在更多不稳定的因素。房屋问题影响深远，涉及父母一代的储蓄和退休计划。故此，我认为特区政府必须下定决心，大刀阔斧地处理这个迫在眉睫的民生问题。

此外，我也十分关心青年议题。香港依靠四大经济支柱，对其他产业较不重视，除少数精英能较容易追寻理想外，其余大多数"非主流精英"则在追求理想的道路上往往遇到不少的障碍。我认为特区政府应该大力发展新兴产业，令其他青年有向上流动的机会。其中一个值得研究的产业，是环保回收业。香港每日制造的垃圾量多，需要大量资源处理垃圾，回收行业可在此发挥作用。

不过，现时香港青年也有自身问题，例如对外视野不足。有的青年经常批评内地，但被问及内地具体情况时，却支吾以对，不会回答。香港青年对内地的认识不足，世界视野并不广阔，特区政府应加强青年在这方面的培养，如增加青年事务方面的资助范围，并在国家的"一带一路"倡议上寻求更多发展的机遇。

梁：的确，香港青年要学会放眼内地和世界。除了上述议题外，也想问一下你，你觉得香港有什么值得欣赏的地方？

黄：我认为香港是个重视廉洁和讲法治的社会，这些核心价值受香港人共同守护，为香港营造出一个相对公平的竞争环境，有利于社会发展。香港也有一支十分优秀的公务员团队，一直保持专业、不偏不倚地执行公务。在此，我也感激这个社会对我的包容和接纳，感恩这座城市无私赋予我的一切，所以我希望能尽自己本分，多贡献一点一滴，以回报这个社会。香港未来或许会出现许多风浪，但我认为只要香港人上下一心，同心同德，哪怕是再大的艰难也能迎刃而解。在此，我希望鼓励香港人不要放弃，努力做好本分，香港的前途仍然是美好和一片光明的。

张思颖：年轻人应刻苦用功读书，成为社会栋梁，为国家奉献

张思颖，民建联中央委员、民建联工商事务副发言人、青年民建联副主席、"一带一路"发展联会（国际事务）副主席，博士研究生，于2008年获得英国谢菲尔德大学（University of Sheffield）奖学金，2009年取得银行金融硕士学位。曾任职于国家开发银行、花旗银行，拥有丰富企业融资经验。现任药业公司顾问，持有香港会计师公会国际联系会员、英国财务会计师公会会员及澳洲公共会计师协会会员专业资格。自2011年至今，发表超过60篇国际政治及经济文章。2014年，获选"香港青年领袖奖"；2016年，获选"全港时尚专业女性奖"。2016年，在《东方日报》专栏《菁英荟》撰写文章，是2017年出版的《踏上一带一路的时代巨轮》的作者之一。

受访者：张思颖（以下简称为"张"）
采访者：洪锦铉（以下简称为"洪"）

洪：张博士，我知道你是"一带一路"发展联会的副主席。作为香港人，为什么你会投入到"一带一路"的工作上？

张：我觉得"一带一路"是难得的机遇，它为企业家、专业人士和年轻人带来了无限的发展机遇。我个人认为，香港可在金融和科技产业化上发挥独有的优势，创造更多就业空间和创富条件。这也是我积极参与推广"一带一路"发展的原因。

洪：对呢，我也认为"一带一路"会带来大量的机遇，香港应该把握机会。香港已经回归20年了，你怎样评价回归后的香港？

张：我觉得，自1997年香港回归以来，"一国两制"落实至今20年，《基本法》[1]得以依法执行。香港在20年来，虽然遇上不少风浪，但仍茁壮成长。我希望日后能配合国家"一带一路"政策，促进香港经济繁荣安定，开拓金融科技创新市场的格局。香港从渔港到转口港，发展成今天的国际金融中心，其成功在于能按照《基本法》的框架依法办事，港人治港，符合香港法治精神，并时刻秉持爱国爱港理念。

洪：新一届特首已经诞生。张博士，我知道你除了研究"一带一路"外，本身也是民建联的成员。你觉得未来香港应该怎样走？

张：我觉得香港应以经济为重心，不能再蹉跎岁月，把香港事务政治复杂化。政治争执只会耽误了年轻人的前途。我建议新一任特首应全面培养和发展爱国爱港的管治人才。管治人才的发展，不应限于地区事务和立法会事务。特区政府更应培养策划和执行政策的管治和经济人才，以配合国家"一带一路"宏大远景，发展具前瞻性思维和专业工作背景的政策研究人才。我也建议香港特区政府加强公众对《基本法》的教育和培训，推广至社会各阶层。特区政府增拨资源办学团体，确保青年对"一国两制"有深入的了解，遵守《基本法》。

---

[1]《基本法》：《中华人民共和国香港特别行政区基本法》的简称。

中央对香港的经济、金融、科技业界给予大力支持，香港得天独厚的优势是背靠祖国、面向世界，香港在全球上市集资金额（IPO）连续两年排行第一位，香港金融行业稳步上扬。为配合国家"一带一路"战略目标，香港特区政府成立"一带一路"办公室，为企业家、专业人士和青年创造就业和致富机会。中央邀请香港加入亚投行，有助开拓香港成为全球银团贷款中心，成为首屈一指的全球金融中心。

此外，特区政府推动创新科技，在香港成为云端中心，开拓大数据业务，在落马洲河套区打造港深创新科技园，提升深港经济效益。港珠澳大桥落成后，交通网络连接粤港澳大湾区，促进港澳与珠三角地区经济融合，提升香港经济结构多元化发展。可见中央在"一国两制"的框架下大力支持香港经济，为香港经济向前发展提供了重要支撑。

洪：香港回归20年了，你对香港的年轻人有何寄望？

张：我们不少人的祖先都是因历朝历代的战乱逃到香港，受尽磨难，以建家建业为目标。人生是不断地奋斗，应不怕艰辛，将狮子山下的精神延续至下一代。香港的年轻人应珍惜和保护香港福地。已故国家领导人邓小平生前提出"港人治港"理念，有着崇高的理想和标准。对国家效忠和忠诚是所有市民的责任，年轻人必须遵循基本政治伦理和道德素养，要忠诚爱国爱港，熟读历史，将古今中国历史的政治智慧承传下去。年轻人应刻苦读书，成为社会栋梁，为国家做奉献。

甘文锋：勇于思考香港人心回归之道

少年永远是塑造人生的起点。香港新民党区议员甘文锋，在香港回归那年刚好15岁，回归以来的岁月，见证着他个人成长、思考社会、投入政治和社区服务的足迹。

甘文锋15岁之前常常待在学校及家中，过着两点一线的生活，对社会没有特别深刻的印象，根本没有想过会从政。1999年离开香港，到巴西交流一年，到了完全不一样的地方生活，有比较才有冲击，于是开始思考一个社会的文化和制度。回到香港，他开始在报章投稿，参与讨论，最后成了新民党的创党成员。

从助选团成员做起，做到党内核心，亲自服务地区，参加选举，在2015年成功当选区议员。在这20年，他与香港特区一起成长、成熟。

受访者：甘文锋（以下简称为"文锋"）
采访者：甘希文（以下简称为"甘"）

甘：这几年，香港的社会和政治形势出现了对立的状况，你作为区议员，有什么观察？

文锋：我们应该坦白承认，我们初时以为政权回归之后，人心就会自然慢慢回归，结果却未尽如人意。这20年就是我的成长历程，我回顾这些年来的社会气氛，不得不认为，内地与香港之间的矛盾，仍有待进一步解决。回归之后出生的年轻人，没有经历共度时艰的年代，大陆新一代没有体验当年香港亲人的接济，香港新一代也不明白香港依靠的是内地的历史背景。结果，双方中有些人陷入了互相轻视、互相对立的循环。

甘：听你说的情况，似乎是十分深入的问题，难道没有方法可以化解？

文锋：其实我不悲观。很多人已经观察到，近年一连串社会事件之后，香港大部分人，无论亲建制派还是亲反对派，都明白无止尽的争执没有出路，最终只会令自己的家园慢慢衰落。

到底如何减少社会纷争？首先是必须尊重"一国两制"的框架。《基本法》承诺"50年不变"，但2047年之后的图景呢？这是大家都关心的，至为关键的是未来30年中央跟香港的关系及互信。而要修复互信，就要缓解香港内部社会矛盾、内地与香港之间的矛盾，这是重中之重。要达到这个目标，就要思考如何从文化、政制、民生等各方面拉近双方距离。说到底，要靠软实力的提升，包括文化产业和经济、教育等多方面，才有可能成功。举例说，香港人能否投入国家层面的建设，而不是坐待、坐视国家的变化？

甘：我们可以预见，改善内地与香港关系是长期的工作，在回归20周年的时间点上，你有什么想说的？

文锋：今日我们除了庆祝回归20周年，更重要的是虚心面对困局及矛盾。我们要勇于思考怎么才能令人心回归？社会纷争的源头是什么？国家需要一个怎样的香港，而香港又对祖国有什么期望？这些问题很难回答，但一定要勇于面对。在怨怼和承欢的声浪之中，这些思考的声音更加重要。

参加香港特别行政区成立 20 周年活动

徐英伟：根在中国，家在香港

徐英伟，现任香港特区政府民政事务局局长政治助理。1976年在香港出生，小时候随家人移居加拿大，在加拿大渥太华大学取得社会科学学士。2006年回流香港，在大型银行任职投资事务经理，并加入民建联。2008年，获委任为香港特区政府首批政治助理。

受访者：徐英伟（以下简称为"徐"）
采访者：卓隆（以下简称为"卓"）

卓：当年你离开香港时几岁？在加拿大成长的感受怎样？后来为何会回到香港？

徐：我移居时是小学六年级。感觉一个中国人离开香港到外地居住的经历，对于中国人的身份认同及意识反而会提升。我曾在加拿大多个城市居住，小时候在渥太华读书，长大后在温哥华工作，亦曾在多伦多及蒙特利尔居住，可说是看尽各地华人，见识华人的刻苦、拼搏及团结之心。

虽然加拿大着重多元文化，但或多或少会感受到自己并非当地的主要族裔，有时会面对不平等，甚至歧视。不过，在外地的中国人往往互相帮助，十分团结。

因此，我在加拿大逐渐建立了"我是中国人"的思想，着重学习和了解中国文化及历史。

1997年香港回归祖国后，家人比我更早回流香港，剩下我在加拿大工作及居住，"根在中国，家在香港"的心愈趋强烈。2006年，我大约30岁，在当地的事业虽然发展得很好，但趁着自己还年轻便决定回流香港，希望利用自己的知识和经验回祖国大展拳脚。

参与志愿服务（前排右五）

卓：你怎样看香港回归祖国20年来的发展？近年，有一些香港年轻人对前景感到迷惘，你有何看法？

徐：我对香港过去20年来的发展与进步，以及香港与国家的关系感受深刻。回归前后相比，香港不独于经济取得很大发展，今天的特区政府问责制使主要官员经常"落区"① 与市民近距离接触，这较港英时期进步良多，年轻人参政机会亦大有进步，民主成分实际不断提升。

我相信，香港绝对是进入国家的主要平台，"一国两制"给香港带来的独特优势，创造良好条件发挥"香港所长、国家所需"的作用，让香港在国家发展和对外开放中扮演更重要角色。香港其他重要的优势包括自由、法治、优良城市规划及低税率等，香港的地位不会轻易被任何一个城市取代。

更重要的是，过去20年，香港培养了一批优秀的年轻人才，特区政府给予香港青年许多机会到国内外交流。回归前的香港青年，没有太多机会认识祖国，了解国家发展，现在则相反。我有信心香港青年在现有稳固的基础下，将来会有无限的发展空间，年轻人真的要多走出去，不要看轻自己，视野不可狭隘，要有开阔的世界观，看看自己的发展空间多大多广阔。

卓：国家提出的"一带一路"倡议和粤港澳大湾区城市群发展规划，对香港青年有什么启示？

徐：香港青年有的是机遇，年轻一代应思考自己在国家发展的角色。香港的市场规模小，你从每位香港人身上赚取1元，这其实都算不上非常富有。"一带一路"倡议和粤港澳大湾区城市群发展规划潜力大，机遇多多。香港青年只要勇敢地多走一步，发挥空间实是无限。

---

① "落区"：即到社区中去。

许有为：建立信任，减少分化

　　许有为，1982年出生于福建，并于1992年移居香港，在港就读小学及中学。2002年于暨南大学取得中国法律学士学位、民商法硕士学位，并于2008年取得中国律师资格，毕业后回流香港从事地区工作，在"城市智库"任职总干事。现任观塘区议会房屋事务委员会增选委员、四顺分区委员会环境改善小组主席、香港青展协会主席、民建联观塘支部支委及民建联社区干事。

受访者：许有为（以下简称为"许"）
采访者：赖凯韵（以下简称为"赖"）

赖：许先生，你好。你是福建出生，但在香港读书和工作。你现时最关注的香港社会议题是什么？

许：对我来说，最关注的还是房屋议题。楼价持续高企，香港居民置业难，轮候公屋的时间也很长。所谓衣食住行，"住"这个生活最基本条件也未能解决，人如何能生活得开心？作为"80后"青年，我期待特区政府能为青年创造一个向上流动的平台，只要努力，就可以安居乐业，有自己的居住地方。我也期望特区政府能发展多一些行业，让年轻人有更多机会。

赖：那么，回归至今，你认为香港在哪些方面是最值得欣赏的？

许：我自己觉得，最值得欣赏的是"一国两制"这个制度。"一国两制"落实了20年，香港人的言论自由半点也没有减少。但现时有些人妄图用"两制"去挑战"一国"，声称要享有"两制"，不许中央干预，又一直在香港试图干预内地的决策，这是不对的。

赖：的确，有不少人，总是希望把自己的一套强加在别人身上，导致社会很多纷争。

许：对。我自己觉得，人与人之间要建立信任，分化问题有必要改善和解决。近年出现一些政治运动，香港人越来越分化。长期生活在这种环境下，压力很大。我便见到，有父母与子女因政见不同而争吵，同事因意见不合而闹翻，朋友因未能接受对方价值观而减少联络甚至断交。因此，我觉得香港社会必须在这方面好好改善，大家多一点包容和接纳，减少纷争。

赖：说到包容，我便想起内地与香港融合的问题。这在近期颇受关注。许先生，你在内地出生、香港成长，现在又从事跨境法律业务，也有参与香港的政治活动。我很想知道，你是如何理解内地与香港融合这个课题？

许：由于文化差异，部分内地人的行为或令香港市民难以接受。然而，传媒夸大和重复的报道,也导致不少港人对内地人的观感较差。因此,我希望内地可以加强内地人民对各地文化习惯的认识,减少误会。

赖:是呢,互相理解和包容,便能减少摩擦和误会。许先生,我也想问一下你个人的事情,有没有一些值得感动的事情可以分享?

许:嗯,我经常会参与义工活动。记得有次遇到一位伤残人士,她患过癌症,生活虽困难,但仍然坚持不领取综援①,自力更生,并继续参与社区义工服务。她说要常怀着感恩的心,帮助别人是很开心的事情,也希望分享自己的经历,用自己的积极心态感染别人。我觉得很感动,也希望自己能像她一般,以积极的人生感染别人。

赖:常怀感恩是非常重要的,希望你能感染更多人。你对香港回归后这20年来有什么感觉?

许:其实在回归前,我只是一个中学生,和家人居住在与别人合租的一间屋内。当时洗澡要排队,有时候还要去公共浴室洗澡。在回归后,我们一家轮候上了公屋,有了属于自己的生活空间,家庭环境大大改善。我希望香港越来越好。

许有为先生工作照

---

① 综援:综合社会保障援助的简称,指以收入补助的方法,使那些在经济上无法自给的人士的收入达到一定水平,以应付生活上的基本需要。

陈浩庭：香港青年应学会珍惜得来不易的幸福

陈浩庭，执业律师及认可调解员，现任香港民政事务局①平和基金咨询委员会委员、青年事务委员会委员、平等机会委员会增选成员、屯门区议会社会服务委员会增选委员等。陈浩庭活跃于社会公益事务，积极参与多项特区政府咨询委员会、慈善团体及非政府机构的工作，为多间慈善机构的董事局成员及义务法律顾问，传扬伤健共融、平等的理念，并推动多项教育及青年活动。2015年获民政事务局全港十大优秀青年奖（星中之星），2016年获民政事务局局长嘉许状及奖章。

---

① 香港民政事务局：香港特别行政区的决策局之一，是负责香港的康乐、文化、地方行政等事务的政府部门。

受访者：陈浩庭（以下简称为"陈"）
采访者：孔永乐（以下简称为"孔"）

孔：今年是香港回归20周年。你对回归有什么看法？

陈：身为"90后"，回归当年我还未成年。不过，当时就是觉得，香港在回归祖国后，肯定会有更多的发展机遇，年轻人的发展空间也会随之而扩大。

孔：我知道你虽然年纪轻轻，但从事不少公职。现时你最关注的议题是什么？关注的原因又是什么？

陈：我自己参与的公职有平等机会委员会和青年事务委员会，我自己十分关注"青年、人才平等发展"的范畴。在近年来，香港的社会纷争及矛盾较为严重，这尤其反映在香港青年身上。我自己都是年轻人，亦明白年轻人在工作、房屋等各方面遇到的问题，理解到今天的青年对未来香港发展影响举足轻重。本人现时也是"教育大同"①的董事及义务法律顾问，"教育大同"鼓励"教育有选择"。我们提议参考内地与国外（如英国、瑞典及澳洲）不同的教育模式，并以此支援在香港的新尝试。我们认为每个孩子的特质和需要都不同，所以教育的模式、方法和步伐都应有不同的选择去配合孩子的成长。教育会影响青年的发展，是社会其中一个最核心的议题。

孔：那么，浩庭，你觉得回归至今，在青年及人才发展上，香港有什么值得赞赏或改进的地方？

陈：我认为香港特区政府在这方面已投放了很多资源。同时，特区政府官员亦不断开拓新方法，如撰写网志、举办论坛、提供实习机会或组织内地交流团等，加强香港青年对内地的认识。过去多年，由于我热衷投入内地的慈善组织工作，所以了解到香港特区政府其实在这方面投入很多，做了不少工作，不同官员也有多方面帮忙与协调，这方面是非常值得赞赏

---

① 一个关注香港教育情况的慈善组织，推动在香港形成健康、多元、有选择的教育文化。

的。近年来，特区政府委任了不少青年（30~35岁）进入咨询机构。虽然都没有实际权力，但这令不少青年参与公共事务，这是一件好事。期望特区政府能继续有关政策，并在青年及人才发展的范畴上有整合的政策。

虽然如此，但我觉得现时香港特区政府似乎欠缺了一套整全的青年政策方案。相对于西方国家如英国、澳大利亚及瑞典，他们的青年政策（youth policy）可以让多个部门互相协调。若然有一个宏观的政策，例如整合房屋、就业及教育等问题，可能香港未来的问题不会那么严重，而资源更可以确保用得其所。

孔：的确，香港需要一个整全的青年政策。以我所知，时下有些青年，对内地与香港的融合十分抗拒。你对这方面又有什么看法？

陈：以我个人来看，"一国两制"是香港的政治优势，而内地与香港融合则有赖于香港的地理优势。在过去的经验中，不少交流团为内地与香港青年提供互相了解的机会。例如，曾有一个学生跟我说，起初父母非常反对参与内地交流计划，但回港后，学生对内地很多方面都有所改观。我觉得，内地与香港融合还是需要时间，需要大家互相认识和理解。

又如有一次，我参与了云南保山市支教团。当时，我与其他香港青年探访农村并做支教，看到内地的青年都与我们的年龄相近。不过，相对于香港青年，他们需要更努力才能考上大学，或到较富裕的沿海城市工作等。在大学生支教活动中，背后都有很多热心人士资助。我相信不少香港学生也会受到影响，理解到机会得来不易。当同学看到内地学生在早上图书馆开馆前一小时已排队等候，学生回港后也感到非常幸福。我相信曾参与内地支教团的香港青年也会有类似经验。内地与香港的融合，带来了互相促进、互相学习的机会。

刘汉伦：滴水穿石，不放弃自己

刘汉伦，土生土长香港人，是一名负责青少年事务的社工。他在1999年毕业于香港中文大学社工系，担任社工已超过17年。就读社工系的原因，是当时希望自己能更了解社会事务，贡献社会。

受访者：刘汉伦（以下简称为"刘"）
采访者：吴芷柔（以下简称为"吴"）

吴：刘先生，很高兴能访问你。我知道你是一名负责青年事务的社工，自然特别关注青年事务的议题吧？

刘：是的，因为工作关系，我确实特别留意青少年的问题。现时有些青少年所面对的环境，例如家庭背景、精神贫乏、缺乏关心等，都令他们感到无助和迷惘。特区政府的架构上也出现问题，一些福利制度上的限制，导致问题往往未能及时解决。例如青少年自杀问题，当问题出现时，往往是无法马上修补，需要先小修小补地处理。特区政府会否有一些长远的福利政策去协助年轻人渡过难关，令他们对未来抱持乐观的态度，而非以消极的观感面对未来，这是我所关注的。我也关注动物权益。我认为，香港对动物十分吝啬。动物不可乘坐公共交通工具，公共屋邨①不能饲养动物等规定，不应出现在一个国际大城市。

吴：刘先生，香港回归以来，你觉得有什么值得欣赏的地方？

刘：在1997年亚洲金融风暴至2003年的"沙士"后，香港经历了一场生死大战，但大家并未有一蹶不振，反而更加努力振兴香港。特区政府为鼓励香港人，更引入了迪士尼乐园，以提升和显示香港在国际上的吸引力。我认为这是值得欣赏的地方。同时，我也欣赏特区政府在香港往返内地的交通路线上的规划，"一地两检"、更自动化的过关口岸，都是值得期待和赞赏的事。

吴：作为社工，你怎样看香港的现况？

刘：经过一系列社会事件，香港渐渐从有多元化声音的社会变为只有两种声音，支持或反对，这是令我难过的。香港社会应接纳更多的声音。而在社会公平性上，并不是要抬高香港人的地位，而是一些内地人或外国人在香港的福利，土生土长的香港人却未能享有，我觉得这对香港人是不太公平的。

---

① 公共屋邨：香港公共房屋最常见的类别，由政府或志愿团体兴建，出租予低收入居民。

吴：那么，刘先生，你怎样看香港未来的发展？

刘：我个人十分期待"一带一路"的发展能惠及香港。中国现正积极提高一些内地城市在国际间的影响力，我希望也能有更多的政策便利香港的发展。

吴：刘先生，可以谈一下你现在的工作吗？

刘：香港人其实一般不太了解社工的工作。社工会细分为不同的服务范畴，以协助不同的人。社会是不停改变的，如十年前青少年人口虽然较多，却较容易联络，亦较容易举办活动。但现时的年轻人却较难联络，亦不大会出席活动，资源上的分配不应是按人数，而应该是按人的需求。社会大众也对社工有所误解，令有些有需要服务的人，不敢求助于社工，终令他们的心理问题更加严重。

此外，社会福利服务是需要各方的协助，如教育局、社会福利署、劳福局、民政事务署等。然而，这些机构所关注的地方均有不同，如民政事务署会更关心年轻人的成就，但世上不是只有杰出的青年，更有一群有特别需要的年轻人，如有学习障碍、自闭症等障碍的年轻人。我认为特区政府的这四个机构需要有所沟通，才能帮助到有需要的青少年。

吴：香港已回归20周年，作为社工，你有什么可以勉励年轻人？

刘：我自己是一个平凡人，谈不上有什么可勉励年轻人。但我相信滴水穿石，每个人都付出自己的努力，社会便会改变。在工作上，我曾遇到一位15岁的女生，她想参与一个雪山户外挑战团，但没有足够的钱。该女生找了一份快餐店兼职，以赚取足够的金钱报名。最后，我协助她申请了不同的资助，再加上她自己赚取的金钱，她终于有机会成功踏上雪山，完成自己的目标。而在一次义务工作中，我碰到一位手部丧失功能的人，他坚持为我倒一杯茶，令我十分感动。那位有需要人士从没有因此放弃自己，我很有感触。所以，我希望年轻人能滴水穿石，不放弃自己。

梁智锋：承前启后，共创明天

  梁智锋，1989年生于澳门，1990年移居香港，于香港就读小学及中学。其后毕业于香港浸会大学中国语言文学系，辅修历史。翌年于香港中文大学完成教育学位文凭（中学中文），辅修通识教育。毕业后于澳门中学任教2年。2014年回香港继续任教中学及进修，2016年于香港中文大学中国语言及文学系取得文学硕士学位。2011年获得香港浸会大学文学院文学奖。现为"城市智库"成员及多个义工及教育相关团体活跃成员。

受访者：梁智锋（以下简称为"梁"）

采访者：孙绍豪（以下简称为"孙"）

孙：智锋，你好！多谢接受采访。香港回归前后哪方面令你印象最深刻？

梁：回归前后最大的不同，我想是内地与香港的交流多了不少。记得小时候港人和内地的交流较少，不外乎港商在内地设厂，私人层面的就是港人回内地探亲。现在的交流层面很广泛，从工商业合作、义工服务、教学交流到旅游消费，能想到的都有。由以前港人到内地设厂，到现在内地企业来港上市集资，从内地网上订购的货物不消一星期送到，我想这些都是有力的证明。

孙：随着香港与内地的交流增多，对本港教育界来说有改变吗？如加强了普通话课或到内地升学的学生多了？

梁：随着交流增多，教育方面亦出现改变。首先是对普通话的重视程度提高。我小学的时候小六才有普通话课，而且每星期只有一节，学的也是日常交流的基本用语，如打招呼、问路等；不过，据我所知，现在不少幼儿园在幼班已经把普通话纳入常规课程了。另外，内地与香港学生交流也越来越多，我读大学的时候，从内地来港升学和交流的学生随处可见。人多自然交流相处的机会也多，我除了了解到他们的生活习惯外，普通话也有进步。

孙：香港特区政府在政策方面能帮到教育界吗？

梁：香港特区政府一向重视教学，但随着人口出生率下降，超额教师成了现时最严重的问题。据我所知，本港有些学校由于资源问题无法把合约教师转为常额，出现了同工不同酬的情况，严重影响教学士气和质量，某些学校更把年轻教师的怨气转嫁至特区政府身上，由此不难理解近年为何教育界年轻一辈对特区政府以至教育局的不满有所增加。故此希望香港特区政府能够把握时机，着手彻底解决中小学合约教师问题，一方面吸引人才入行，另一方面提高士气，这样才可使各项教育政策顺利推行。

孙：如何看近年香港的政治争拗进入校园？

梁：学生是将来社会的栋梁，作为教师当然希望学生除了"风声雨声读书声声声入耳"，亦期望他们"家事国事天下事事事关心"。学生对政治议题关心并带回学校讨论是无可厚非的，不过学生的消息来源有时过于繁杂，家长、朋友、报章、社交网站、电视，包罗万象。作为师长，最重要的就是跟学生理性分析，抽出问题的根本，不能道听途说。让学生了解是其是，非其非，在大是大非的价值，例如法治、自由、和谐等议题上一定要坚守原则，因为你们今天所享受的、香港今天的繁荣和地位的确来之不易。

孙：香港的年轻人应如何装备自己以应付不断改变的环境？

梁：正如刚才所说学生对周边议题关心多了，例如"一带一路"、上海合作组织、亚洲投资银行等对学生来说不是陌生的词。面对中国经济发展及经济全球化，对人才各方面的要求亦愈来愈高。作为教师，除了传统课堂的知识传授或邀请名人到校分享成功之路外，不少学校均有举办不同的交流团。以本人为例，学校就曾经举办不少交流团，内地的到过广州、山东、哈尔滨、内蒙古、上海等，海外的到过日本、韩国、新加坡、马来西亚等，行程除了到学校交流和参观古迹外，亦到访过不少私人企业，例如会计师楼、钢铁厂等。一切都是希望给予学生更多的学习机会，让他们学会应对不停改变的环境。

闲来以音乐陶冶性情

孙蔼雯：
不断增值自己，努力向梦想进发

　　孙蔼雯，籍贯惠州，受小学恩师启蒙而开始参与社区服务，并专注于公益事务。现任职于中华电力有限公司社区关系部门，并于工余时继续践行她的理想。社会公职包括生命力量协会副主席兼秘书长、新界青年联会参事、新界总商会青年委员会副秘书长及西贡区扑灭罪行委员会委员、香港浸会大学研究生会前会长等。

受访者：孙蔼雯（以下简称为"孙"）
采访者：杨晓航（以下简称为"杨"）

杨：蔼雯，你好！我听说你原先是修读工商管理的，后来才转为从事社区关系工作。能否为我们介绍一下这个转变？

孙：谢谢！我大学时修读工商管理，后来出来工作后，发现自己想参与更多公共事务，所以就去攻读公共关系硕士。

工作与学业不是两样独立的事情，反而能互相促进。前者是实践，带来经验；后者建立理论系统和方法论，协助整理经验和解决工作时遇到的问题，提升对社会服务的理念。攻读硕士对我之后在中华电力负责社区关系工作帮助极大。

杨：蔼雯，你除了本身的工作，还参与不少青年工作。你是如何兼顾的？

孙：其实只要愿意投入时间和付出精力，用心去做，自然能做到。青年工作本身跟我从事的社区关系事务也息息相关，因为青年也是社区一分子。我鼓励青年成为义工，了解社区，参与建设，以贡献社会为乐。青年也从中获得认同，学会表达自己，社区便自然更融洽。也因此，我创立了生命力量协会。

杨：生命力量协会，听起来似乎充满正能量。香港回归至今20周年，作为从事青年工作的你，有什么寄语给香港的青年？

孙：首先是不要自暴自弃。我以往看到一些青年自暴自弃，甚至是自杀的案件，所以才创立生命力量协会，希望把正能量带给青年。我们会到学校举办励志音乐表演和分享会，希望引导大家认识到，每个人的生命都是有价值和尊严的，每个人都受家人、朋友、学校和社会重视。

我希望年轻人能掌握"生命力量"，即生命尊严和对自己的身份认同，不断增值自己，努力向自己的梦想进发。我也期望香港的青年能认识到香港"背靠祖国、面向国际"的独特优势，把眼光放得更长远，学会关怀社会，并迎接全球化的挑战，一同建设更美好的香港。

赖凯韵：关注香港年轻人对国民身份的认同

赖凯韵，"90后"青年，在香港理工大学取得社会政策及社会发展硕士学位，现任香港大专青年新力量主席，希望能凝聚青年力量为社区、为香港未来发展出一分力。

受访者：赖凯韵（以下简称为"赖"）
采访者：洪锦铉（以下简称为"洪"）

洪：你好，很开心能访问你。作为"90后"，香港回归20年来，你最关注的是什么议题？为什么关注这个议题？

赖：唔，我自己最关注的议题，是香港年轻人对国民身份的认同。香港已回归20年了，但有些年轻人的国民身份认同感却未有增加，反而开始有倒退的迹象。近年网络媒体兴起，有些媒体善于以图文并茂的方式，夸大报道内地的负面消息。这固然吸引了年轻人的眼球，也因此让他们长期接触这些偏颇的报道，让他们对国家产生偏见和有负面的观感。加上一些反对派团体利用网络力量散播消息，吸纳支持者，误导了一部分青年。

洪：嗯，我也认为年轻人在国民身份认同上的问题，是急切需要解决的。那么，回归至今，你认为香港在哪些方面是值得欣赏的？

赖：说到值得欣赏的地方，我觉得香港一直以来都被视为法治之都。而市民普遍对香港法治相当有信心，也奉公守法。回归后的近几年的几宗特区政府高官被刑事检控的案件，其实也更反映出，法律是得以昭彰的。就算是高官犯法，也一样不能幸免。香港的法治精神，丝毫未有倒退。

洪：听你这样说，我也是认同的。而且，我自己也很欣赏香港的廉洁风气。说了好的方面，也谈一下有什么不足的地方吧。

赖：我自己觉得，近年一些市民把国民教育冠以"洗脑教育"之名，更有团体发起多场游行活动，抗议特区政府推行国民教育。我认为这很大程度上缘于刚才提到的国民身份认同问题。因此，特区政府需加强重视这方面的工作，提高国民意识。当然，这不能硬性灌输，否则有可能弄巧成拙。近年来，香港特区政府也只是透过交流团、实习活动等让年轻人认识国家，但成效却未如理想。我觉得是需要检讨和改进的。

另外，我个人也关注内地与香港融合的问题。香港过去受英国管治，回归后实行"一国两制"，经济、政治和文化都有所改变，内地与香港融合要在短期内实现，是有一定难度的。经济贸易的融合，对香港是有利的，没有反对的理由，然而，从民心融合来说，则相对比较困难，而且激进反对派也经常故意丑化国家对香港的重要性，制造不少误导性言论，对民心融合造成干扰。

洪：你作为香港大专青年新力量主席，怎样看年轻人的发展前景？

赖：我觉得香港的年轻人满腔热血，对身边事物充满好奇及有很多想法。虽然有些想法是比较天马行空或稚嫩的，但却能带来一种崭新的思维及观点，打破传统条框。我相信香港的年轻人如能好好打拼，会有良好前景的。自身努力固然重要，不过，我也期望香港特区政府能为年轻人创造多元化的产业，提供多种平台给予年轻人发挥创意，更多地重视年轻人的声音。

我自己加入了香港大专青年新力量已有接近4年的时间，当中举办过不同的社区活动。有时遇到一些南亚裔的义工，言谈间知道他们也有受到过歧视，但他们却没有因此而感到气馁，反而更积极地参与义工活动，召集朋友、同学一起加入，希望用行动去改变其他人的看法。我认为如果大家都能学习这种精神，好好努力，香港的未来发展一定会更美好。

洪：最后想问一下你，你作为"90后"，回归当年应该还很年幼吧，你还记得当时的感受吗？还有，现在的感受又是怎样呢？

赖：其实呢，回归当年，我还在读幼儿园，对回归确实没有什么印象。我是在升上中学后，才通过历史科真正认识香港的回归。现在香港回归已20年了，我衷心希望香港不断进步，繁荣稳定。我也希望那些"为反而反"的声音越来越少，社会上有更多有建设性的声音，大家共创美好香港。

郑飞：团结静心解决问题

郑飞，本科历史系毕业，现任观塘牛头角区议员助理，从事青年杂志出版工作。

受访者：郑飞（以下简称为"郑"）
采访者：陈静儿（以下简称为"陈"）

陈：很高兴可以访问你，郑飞。香港回归20年了，我知道你对如何了解香港社会有自己独到的心得。可以跟我们分享一下吗？

郑：其实了解香港社会有很多途径，包括新闻时事，也包括不同人对香港的评价，也可选择走上街头亲身体会。我选择了参与社区工作，通过服务社区了解我们的社会。

陈：我知道你曾经在传媒行业工作，但为何最终做了议员助理？

郑：其实我大学毕业后，曾经在报馆工作。但我觉得，传媒工作始终无法达到我真正所想，所以后来便辗转成为一名议员助理。我每天接触一众基层市民，帮助他们解决疑难。作为一名助理，我既要处理居民之间的纷争，也要策划社区活动，每件事都要亲力亲为。社区问题仿佛就成了我生活的一部分。

我觉得这份工作很有意义，也是我真正希望做的。尤其是区内的贫困家庭，他们是社会中的弱小群体，需要获得更多的关注。有一次，我协助议员在节日派粽子，当时发现有位老婆婆多次重复排队领取，于是便好言劝止。这并不是吝啬，而是因资源有限，只能平均分配粽子，让更多人能受惠。因为，一旦破坏了规矩，便会失去公信力，届时人们便不会依从。同样地，在社会上有好些规矩，我们始终要遵守，不能妄图违反。议员就是监察者，更应做好把关工作，否则当出现漏洞时便会使规例崩坏。

陈：说来近年也有不少破坏规例的情况，比如年轻人上街"抗争"表达意见。你如何看待这些问题？

郑：其实现在香港社会各阶层都有自己的诉求，出现互相矛盾的情况。然而，现时青年所参与的社会运动，并未能真正改变社会，反之更限制了自己的视野。年轻人应该用其他行动，确切地了解社会的需要，就像我走进社区一样。我个人认为，应鼓励更多青年以不同方式服务社区，为社区服务注入新血。现在不少青年都拥有自己的理想，只要社会给予他们一个亲身实践的机会，他们便会知道单靠口号不行，发现社区服务并不如想象中简单，便会自我反省，更成熟踏实做事。

陈：那你又怎样看待香港回归前后的社会变化？

郑：香港回归前后的差异很大。现在很多年轻一辈未感受过回归前的社会，不明白当时的社会的艰苦，无法跟现在做客观比较。对我来说，国家在香港回归后，落实"一国两制"政策，赋予香港的自由更大。然而，此制度在国际上并无其他例子参考，特区政府只能"摸着石头过河"，路上充满各种挑战。面对现时社会纷争，再加上一些政策在港所衍生出的问题，导致一些青年大胆地认为，要让一切归零。假如真的"重新洗牌"，我相信香港要付上很大的代价，根本不可行。相反，大家应积极寻求出路，尝试总结出一套方法解决问题。当然，这世上不会有一种灵丹妙药用于包治百病。同样地，在面对不同的处境时亦要懂得变通，切勿固执地死守常规。

陈："一国两制"已在港实行将满20年，你认为未来会有何发展？

郑：香港未来5年是个关键时期，充满挑战。除了面对《基本法》在港落实的问题外，香港亦需把握机遇，找到经济的新增长点，否则长远会被邻近地区超过，取代其国际地位。我期望议会能有更多青年加入，为议会注入更多热情，为大家带来一片新希望。我认为，不管是经济、政治，还是民生问题，若然执着于纷争，情况只会恶化，因而，香港人应团结静心去面对问题，合力冲破难关。

黄海量：香港应专注发展多元经济，减少社会纷争

　　黄海量，一名在香港土生土长的"80后"，在香港读完中学，直到大学时才到内地在暨南大学就读法律专业。现在内地任执业律师，以民事和商业诉讼为主。黄海量在中四时就读文科，当时正值中国加入了世界贸易组织，需要大量法律人才的时机，于是黄海量决定掌握时机，回内地修读法律。

受访者：黄海量（以下简称为"黄"）
访问者：吴芷柔（以下简称为"吴"）

吴：黄先生，你好！我知道你是香港人，从幼儿园到中五预科① 都在香港完成，但选择到内地读大学。你现在是内地执业律师，是否仍会关注香港？

黄：我虽然是内地执业律师，但也会为香港居民服务，也关注香港的情况。现时我最关注的，是香港的经济发展及青年问题。香港产业结构过分单一化，特区政府有需要改变现时局面，令产业能多元化发展。青年方面，香港向上流动的机会不大，且面对不同方面的问题，如教育问题。教育的好坏会直接影响青年就业。其实这两个问题是相辅相成的，经济多元发展可以让青年有更多出路，而教育改善则为多元发展提供更多人才。

吴：对，我也认为青年教育和出路是非常重要的课题。香港回归至今，你觉得香港最值得欣赏的地方是什么？

黄：我认为香港在民主发展上最值得欣赏。回归前大部分时间，市民不能投票选出自己支持的民选议员。回归至今，立法会已举行多场选举，以投票决定议席花落谁家。很明显，香港现时的民主制度，比回归前是有所进步的。回归前，港督并非香港人担任，香港人也无权决定港督谁属。回归后的行政长官，由香港人担任，也已容许部分人有权投票选出行政长官。问责制的出现，亦成为民主进步的一根支柱。以上种种都可见到香港的民主是有所进步的。

吴：黄先生，刚才你说到香港的经济问题，可以再多说一点你对香港经济的看法吗？

黄：我认为香港需要在经济产业上有所进步，现时香港在产业上过分以金融为主，无法满足非金融业从业者的职业需求。青年若不以金融为主科，较难找到专业对口的职业，多只能从事与金融相关的行业。

---

① 香港曾实行"五二三"学制（五年初中、两年高中、三年大学），五年初中为"中一"至"中五"，两年高中为"中六"及"中七"，两年高中常被视为大学前的预科课程。香港从2009年起已推行"三三四"新学制（三年初中、三年高中、四年大学）。

我认为香港应专注发展多元经济，减少社会纷争。香港特别行政区政府应在引导社会舆论上多下点功夫，多做宣传工作，向公众解释香港现时面对的困难。此外，香港特区政府可引入更多的外国或内地专才，让他们成立公司，这有助于产业多元化。

吴：黄先生，你作为香港人，觉得在内地从事法律工作，发展机会如何？

黄：老实说，我觉得现时香港法律界面临市场饱和的问题，希望香港特区政府能发展更多的产业，帮助法律界纾困。现时香港产业单一化，每年又有一定数量的人涌入法律界。法律界的市场就像一个大饼，越来越多人加入分饼，加上法律界这个大饼也在萎缩，竞争过大，令法律界的市场愈来愈小。内地的公司现在更多倾向直接与外国公司合作，减少了在香港做法律咨询，令香港法律市场愈发细小。

吴：黄先生，你作为香港人，又在内地工作。你怎样看内地与香港融合的问题？

黄：我认为，内地与香港融合是一个无法阻挡的趋势。我本身的工作，就跟内地与香港融合有很大关系。就是因为内地与香港的经济往来多了，近年多了不少港人或内地人向我咨询内地与香港的法律，直接带来了很多生意。

我庆幸自己的发展一直十分顺利，也因此有做义务工作，提供免费法律咨询。每一次的免费法律咨询，受助人都总会诚恳地感谢我的帮忙，这令我十分感动。我希望能为社会贡献更多。

参加义工嘉许礼

王洛琳：放下成见，以和为贵

　　王洛琳，在香港土生土长，2006年在香港中文大学会计学院毕业后，选择继续攻读法学博士（J.D.），并远赴英国留学一年。经过两年见习律师生涯，顺利获得执业律师资格。2017年，已是她踏入社会工作的第7个年头。

受访者：王洛琳（以下简称为"王"）
采访者：卓隆（以下简称为"卓"）

卓：洛琳，你好！会计行业发展前景稳定，为何会选择转读法律？当了执业律师5年，你有何感受？

王：相对于会计行业，我认为法律更贴近日常生活，自己很想成为香港法律界的一分子，所以转读法律。

目前，我主要负责处理商业诉讼个案。5年来最大的体会是，与发展中国家或落后国家的司法体系相比，香港的司法制度较独立，较能做出公正的审讯，能保障市民或来港做生意的商人。香港完善的司法制度，能巩固香港的国际地位。

卓：香港社会近年来出现了一些政治纷争，更有人进行违法抗争而被法院判囚，你对此有什么看法？

王：香港近年发生的某些纷争，令我觉得社会有些混乱，人与人间时有摩擦，发表意见有时不太理性。

我本身除了是一名执业律师，也是一名认可调解员，因此深明沟通的重要性。进行调解前，需先理解双方立场，从共同利益出发，尽力达至双赢。若只看重个人利益，最终只会两败俱伤。"放下成见"解决纷争是最有效的方法。

卓：你在香港土生土长，对于香港回归这20年来有什么感觉？

王：在这20年期间，我由学生身份到投身社会，见证着香港的转变。我认为香港人尤其是年轻人，应多了解国情，多参加香港与内地的交流活动，了解国家发展。我就读大学期间，在升读大二及大三的暑假均前往内地工作，第一年到上海、第二年到广州，薪金虽不及香港，但能增广见闻。

我相信，祖国一定能给予香港年轻人发展机遇，例如我的法学博士同学，部分人选择前往内地发展，分别在北京和上海等地的律师事务所任职，长居当地，发展机会多。

此外，部分香港年轻人应抛弃对内地的成见。内地在城市建设、人民素质方面，均在不断进步。香港人应看看如何合作，或向内地借鉴成功的经验。虽然不能说内地的发展完全超越了香港，但香港当下实在是未有太大的突破。

卓：听说你准备了一份"小礼物"庆祝香港回归20周年，是不是？

王：是呀，最近我和朋友在内地投资了一部音乐微电影，名叫《声·梦》，讲述了一群年轻人为着自己的梦想而努力奋斗，凭着他们的坚持与毅力，最终赢得大众的认同。电影透过故事，勉励时下年轻群体，挖掘自己的才能，勇于冲破难关，跨过挫折，勇敢去追梦，并鼓励深圳、香港两地青年多互动交流。

张笑鸿：凭双手和热诚贡献香港

张笑鸿，现任香港Furrio集团的法务部负责人。1987年出生于吉林省长春市，2010年到香港攻读法律硕士学位，毕业于香港城市大学。

后通过了中国及美国的司法考试，其间，她的职位由律师助理、初级法律顾问晋升至法务部负责人。工作之余，也同时对美术、书法具有浓厚兴趣，书法作品曾获国际金奖。她还经常积极参与各种社会活动，并为有需要人士提供免费法律相关意见，推动两岸间的合作，促进内地与香港共同发展。

受访者：张笑鸿（以下简称为"张"）
采访者：陈晓锋（以下简称为"陈"）

陈：张小姐，你好！我知道你是从吉林来香港的。为什么你会选择留在香港发展？

张：我本身非常喜欢香港，现在也不知不觉成了香港人。香港给我有一种莫名的归属感，直接点说，就是一种家的感觉。我刚毕业时，也在犹豫是否要留在这个城市。那时，我在这里找到一份律师助理工作。过了一段时间，觉得自己不应只是从事辅助工作，应该学习更多，让自己发挥更多，所以辞职自学通过了中国司法考试。几年后，我作为公司的法律顾问，也同时考取了美国律师牌。

我是一个喜欢学习的人，对书法、绘画很有兴趣，也学会了日文。我学到的东西有时候还能够帮助同事，我也感到非常高兴。比如市场营销部的同事会找我帮忙翻译日语宣传文件，或者义务协助他们做简单的美术设计等。

陈：的确，能把学到的东西与别人分享是好事。

张：是啊，除了协助同事外，其实我现在的集团，之前是没有法务部的。我便与同事们从零开始建立了大致的法务系统。到了现在，我们有合同模板、公司政策以及程序，我还亲自培训香港境外关联公司的同事，提高了他们对法律法规上的基本知识和概念的认识。

让我感到欣喜的，是之前公司希望申请欧洲知识产权署的智能卡，在网上管理我们的专利，但当时香港并非在可发出智能卡的地区清单上。于是，我直接致电维也纳官员，成功说服对方将香港加到清单里，最后公司也顺利拿到了免费的智能卡。这次过后，大家都可以申请欧洲知识产权署的免费智能卡了，我觉得这件事非常有意义，也对香港有一点贡献。

陈：这个已经很厉害了！我还听说你也会义务为一些初创企业提供意见。

张：是啊，尤其是一些内地创业者的企业，他们对香港的法律和制度可能并不太熟悉，资源也有限。我在香港这些年来，也经常有前辈帮助我，所以我觉得也应回馈一下其他有需要的年轻人。

　　但我只提供一些简单的意见，比如对知识产权的保护、合约的权利与义务，都是创业初期的基础，避免日后高额的损失，甚至是赔偿。我也会介绍一些香港企业给他们认识，鼓励香港企业投资内地企业。

　　陈：这也能促进内地与香港融合吧。我还想问一下，香港回归已经20周年了，你在此有什么可以勉励一下年轻人？

　　张：香港经济环境成熟，年轻人在这里有很多发展的机会。只要肯努力，凭着一双手和一份热诚，工作自然会有良好发展，也能好好贡献社会。香港也是一个充满活力的地方，好好努力，也能有美好的生活。我热爱这座多元化的城市，希望能用我的双手，好好建设香港！

黄锦良：「一国两制」在香港的落实是成功的

黄锦良（右）

黄锦良，现任香港教育工作者联会主席（以下简称为"教联会"）、香港教育工作者联会黄楚标学校校长及黄楚标中学校董。

受访者：黄锦良（以下简称为"黄"）
采访者：石俊杰（以下简称为"石"）

石：黄校长，你好！很高兴可以访问你。你现时最关注的，应该就是教育界的议题吧？

黄：俊杰，你好！的确，我作为教联会①主席，也是小学校长和中学校董，自然特别关注教育议题，特别是对教育政策的发展、教师的专业发展、学校政策的推行及学生的学习分外关心。教联会成立41年，是一个专业教师组织，宗旨是"凝聚专业，服务同工"。我们定期会向特区政府提出一些教育政策的研究和建议，希望教育领域可以发展得更全面。另一个关注的议题是青年问题，因为青年离不开教育，而教育就是要培育英才。

石：黄校长，你作为资深的教育工作者，我也想知道你对教育事业的看法。

黄：香港的教师都是十分专业的。而从香港教育大学的命名（原称"香港教育学院"），可见香港对专业性的追求比较重视，而在教师的德行上有所忽略。教师的德行如何，对学生影响很大，教师有责任培育学生的德行。香港学生在学业成绩上毫不逊色，但有些在做人处事方面仍有待改善。少数香港年轻人的价值观较为偏激，有时对事情过分批评。我希望能通过教育，好好帮助香港学生，在这方面有所改善。

我投身教育界超过20年。我认为，教师必须要有自己的理念，以身作教。当年我的目标是推动香港资讯科技教育，所以我便为学校编写网页、申请资助来成立电脑室。做事不要计较，要感恩为学生所做的付出，发掘当中的满足感。

石：黄校长实在值得敬佩。回归至今，你认为香港在哪些方面最值得欣赏？原因是什么？

黄：回归后的香港，经济及社会发展上依然不断向前发展，不少回

---

① 香港教育工作者联会：一个由香港大学、中学、小学、幼儿园各级学校教职员组成的联会。

归前移民的，亦回流返港。可以见到，"一国两制"在香港的落实受到充分的肯定，香港整体上都处于稳定的局面。

香港的人才有国际视野，亦得到国际认可，是教育界努力的成果。没有人才，香港的发展就没有了根本。精英制的教育亦得到改善，人人都得到学习的权利。这是我觉得最欣慰的地方。

石：那么回归至今，你认为香港在哪些方面是需要改进的？原因又是什么呢？

黄：近几年来，某些香港人的包容及互信出现一些问题，家长和学校之间的关系也有所改变。部分家长对学校的期望愈来愈高，令学校专业自主面对重大挑战，有时问题变得政治化。

石：我们这次的访谈，是为了纪念香港回归20周年而设。所以也想问一下，黄校长你在香港回归的当年感受如何？现在的感受又如何呢？

黄：作为中国人，看见香港回归祖国那一刻，是一件值得高兴的事情。我对当天电视直播的记忆十分深刻，眼见驻港部队进入香港，的确令人感动。

现在的香港发展背靠祖国，很多事情得到国家支持，令发展得以继续向前。"一国两制"的落实是成功的，期望将来的30年有更好的发展。

石：那你对内地与香港融合又有什么看法？

黄：内地与香港融合其实就我看来问题不大。部分香港人因为觉得自己利益受损，才出现不满情绪。其实更多香港人对于内地人来港，抱持着接受的心态。因为内地人来港，其实也为香港带来经济收益及创造就业机会。

石：我知道你也接触香港与台湾的学生。你觉得港台的年轻人有什么不同？有什么可勉励香港青年？

黄：香港年轻人比较勤奋，学术成绩突出，也具备国际视野，语文能力亦较高。而台湾的年轻人，处事比较灵活，在创意上亦较为出色。我觉得港台年轻人各有长处，适逢香港回归20周年，港台青年可加强交流互动，互相取长补短，好好互相学习。

张家健：
求同存异，共同解决社会问题

　　张家健，"80后"青年，近10年曾在不同院校任教，专注于高等院校教学与研究工作，日常工作包括前线教学、技术支援、调查研究等，对香港高等院校的生态有个人见解和认识。

受访者：张家健（以下简称为"张"）
采访者：梁志成（以下简称为"梁"）

梁：你好，我知道你除了关注高等院校的发展，还非常关注香港的政治生态环境。请问你怎样看近年香港的社会情况？

张：香港回归20年，当中经历一些大大小小的风波，虽然为社会带来了一些纷争，但在我看来，也同时让香港整体社会做一次全面、深入的反思。香港人应深思回归后政治、经济环境的变化，找出香港在全球化、资讯爆炸新时代的发展出路。

梁：那你又如何看香港的政治形势？

张：在政治方面，特别是议会政治，由于现今香港的政治光谱变得更宽阔了，相对来说协商的难度也就比以往更高。现时各党派都要面对比较"贴地"[1]的议题，党派间的互动就显得更为重要。而在立法会中，各党派应多点沟通协商，放下彼此间政治形态的对立，携手解决分歧。立法会中各派的沟通、协商和谅解，是议会监督特区政府正常运作的不二法门。

梁：那你又怎样看香港的教育？

张：在教育方面，我认为现今的香港教育，对政治的影响颇大。香港有少部分教师对内地抱有负面的看法，授课时未能全面客观表述有关内容。在教学方面，不论是教的一方，还是学的一方，都应尝试以一个较全面的角度看待内地。

梁：看来香港现在的情况有点让人忧虑。

张：是的，除了政治和教育外，香港的经济发展也在一段颇长时间内停滞不前。在内地的急速发展下，香港的优势逐渐被比下去。香港人需要改变心态，在与内地关系上持较开放的态度，寻求更多发展空间。如近期提出的大湾区发展，港人可多配合国家政策，与内地积极合作。在国家的整体发展上，以香港人灵活、能干、适应力强的特质，必定能维持及提升

---

[1] 贴地：粤语，即与实际关联密切的，相当于"接地气"。

自身竞争力，带领香港走上另一个高峰。

　　不过，除了忧虑的地方，香港也有值得欣赏的地方，就是香港人具有国际视野和敏锐性。香港作为面向世界的中国城市，香港人对全世界的不同事物都能较容易掌握。如果香港人能突破固有框架，对世界各地和中国内地的事物有更多的关注和了解，积极接触不同人物，适应不同地方的制度和模式，勇于开创新环境，对香港日后的发展将有莫大裨益。香港人能继续发挥其优秀的管理能力，除了自身经济发展外，亦能在国家中贡献更大力量，例如投入内地各行业的管理阶层，协助和改良内地管理文化。香港人在国家政治中参与不多，若未来能有更多港人投身国家机关之中，对香港的发展亦十分有利。

　　回归的20年，香港变化很大，大家应在政治上求同存异，摒弃意识形态对立，共同解决社会问题。内地与香港暂时有矛盾，但合作机会更多。若能在合作中加深对对方的了解和认识，就能在相互让步和体谅之下化解很多不必要的冲突。香港要与内地建立良好和密切的关系，共同建立更繁荣、更安稳的社会。

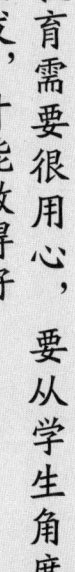

梁思韵：
教育需要很用心，要从学生角度出发，才能做得好

梁思韵，土生土长香港人，热爱教育事业，为多家报刊撰文，专注亲子、教育政策等议题，透过文字宣扬爱的教育。现任亚洲儿童教育协会主席。毕业于香港教育大学，主修信息科技教育，现为香港中文大学教育硕士学生。曾为香港教育局全港校长及教师信息科技教育培训师，于2002年创立"生历奇教育"，以"优质英语服务，创新愉快学习"为使命。

受访者：梁思韵（以下简称为"梁"）
采访者：甘希文（以下简称为"甘"）

甘：思韵你好，谢谢接受访问。香港回归对你来说改变最大的是什么？

梁：自己感觉最深刻的是教育方面，回归前只有9年免费教育，但目前会有15年免费教育，惠及很多香港人。回归前学生曾经在中三要考淘汰试①，中五及中七时又要考公开试②，要上大学很困难。现在我们多了很多进修途径，虽然六年中学要考DSE③，很多学生还是感到有压力，但其实出路多了，很多进修机会，亦有不少自资课程可以选择，不会像以前全日制学生考不到大学便少了向上流动的机会。

甘：香港与内地的交流增多，最影响你的是哪个方面？

梁：我出生在香港，父母都是内地人，所以不会因为回归才与内地接触增多，从小到大我会不时到内地不同的地方。我认为，现时大家的文化水平以及对世界的理解都会越来越接近。其实，现在的内地人与香港人已没有太大分别。

另外内地客户增加了，以前我们只做香港市场，但慢慢也将眼光投向内地，不同的省份都有生意。我印象最深刻的是内地对学英文的需求十分殷切，为我们的行业制造了很多机会。

甘：你从香港教育大学毕业即从事向学校推广IT教学的工作，为何能一直坚持教育工作？

梁：我在香港教育大学主修信息科技教育，一直读教育、做教育，没有离开过这一行。我觉得自己没有入错行，自己很喜欢这份工作，能够将自己的兴趣作为自己的事业，我觉得很幸运。至于为何坚持，是因为教育

---

① 指初中成绩评核试，香港在1981年到1987年间，决定中三升中四的一个公开考试。后因民间反对而取消，由校内评核代替。
② 指香港中学会考以及香港高级程度会考。
③ 2009年，香港中学新学制将原来两个公开考试（香港中学会考、香港高级程度会考）合并为香港中学文凭考试（Hong Kong Diploma of Secondary Education，简称DSE）。

需要很用心，要从学生角度出发，才能做得好。这就是我一直坚持做这一行的原因。

在工作上为学生设计适合他们的课程，见到他们有收获，这种满足感我觉得比起做其他能赚更多钱的工作要大得多。近年自己去香港中文大学进修有关教育政策研究的课程，也是期望能对香港教育有更多的贡献。

甘：创业是一条不容易的路，你2000年创业，那一年亦是科网股泡沫爆破①的一年，那时要克服哪些困难？

梁：创业只要用心，必定能做到。我也很幸运，那时与搭档由一张写字桌开始，至今职员逾30人，外籍教师100人左右，我们能成功主要是因为能看到学生的需要。

创业是去迎合市场的需要，并不是单纯去做自己很想做的事。我们公司去做的事便是去解决学生学习英语的困难，同时亦解决教师教英语的困难。这件事对我来说除了是生意外，亦能帮到社会、学生、教师、学校、政府，所以生意慢慢便会好起来，之后能否成功便要看公司的营运方式。

甘：近年香港流行说孩子学习要"赢在起跑线"，你认同这个观点吗？觉得如何培育对孩子来说才是最好的？

梁：我很认同"赢在起跑线"，但很多家长对赢什么才是"赢在起跑线"有误解。给予小朋友最重要的首先是父母的爱，其次才是培养他们的能力，例如能掌握多少英文字母、多早能计算或唱歌。他们最需要的能力是专注、创造力、自信、爱上学习、乐观、关爱别人、包容他人等等。这些都是学生应该掌握的能力及品格，是能在书本上简单学得到的。

---

① 科网股泡沫爆破：指2000年美国纳斯达克指数在科网股的推动下达到历史高位，随后泡沫爆破，纳斯达克指数暴跌。

曾文玉：我对香港充满期待

　　曾文玉，31岁，现于香港将军澳的一所中学任职教师。毕业于香港科技大学，主修数学及电脑，后来于香港浸会大学主修通识硕士。

受访者：曾文玉（以下简称为"曾"）
采访者：郭春卿（以下简称为"郭"）

郭：曾老师，你好！很高兴能采访你。现时你最关注的香港议题是什么？

曾：我作为一名"80后"青年，最关注的议题自然就是房屋政策。"80后"青年已踏入适婚年龄，很多未能建立安居之所。一方面，他们中不少人的入息①超过限制，未能轮候公屋。另一方面，现时出售的白表居屋单位②有限，私楼③楼价高企，也因此未能置业，感到非常惆怅。一些年轻人也有移民外国的念头，对香港的前途感到不乐观，也没有归属感。若这情况继续下去，相信有条件、有能力的年轻人才将会流失，宁在海外求发展。

郭：这的确是大问题，特区政府需要及早解决。那曾老师，你觉得回归以来，有什么值得欣赏的政策？

曾：我认为当年董建华先生推出的"八万五"政策其实是非常好的政策。可惜遇上金融风暴，中途搁置了。"八万五"政策，全称"八万五建屋政策"，特区政府承诺每年提供不少于8.5万个住宅单位。当年的目标，是通过特区政府大量兴建房屋卖给市民，使各大地产商尽快推地建屋卖给市民，增加市场供应，令楼价得以降温。

郭：似乎曾老师一直很关注房屋问题。

曾：是的。毕竟房屋问题是切身问题。现时特区政府建屋进度缓慢，地产商也因此把新楼分多个批次卖，令楼价不断炒高。香港是中国的一部分，却没有有效的措施去调控楼价，我认为香港可以参考内地一些城市的房屋政策。以上海嘉定区为例吧。从2015年9月11日起，每年安排一定资金，对嘉定区内符合单位和个人条件，并在本区域内首次购买商品住房的优秀人才，给予购房货币化补贴45万~60万元。在学历方面，具备硕

---

① 入息：即为收入。
② 白表居屋单位：指以"出售居者有其屋计划单位"白色申请表申请的居屋单位。
③ 私楼：指商业楼盘。

士或以上的学历均可符合购房货币化补贴优待，以鼓励年轻人不断发奋向上流动。

郭：其实香港特区政府可以做很多事情来解决问题吧。但可惜的是，楼价依然高企。曾老师，你怎样看香港未来的发展？

曾：我认为香港不应该继续地产挂帅。香港年轻一代未能组织家庭，没有下一代，香港人口老龄化问题会更加严重。到时香港竞争力衰退，也没有人再愿意来香港投资。我希望特区政府务必审视现今香港的发展，制定政策留住香港的人才。香港的人才，是那些努力向上、持之以恒、默默耕耘、不断发奋学习的年轻人。我们要设法留住这些人。

郭：也说回你的行业吧。林郑月娥便非常关注教育，竞选期间便承诺每年增加50亿港元用于教育的经常性开支。你作为教育人员，怎样看教育政策的发展？

曾：我认为首要解决的，是同工不同酬的问题。然后是将所有合约制转为常额制①，重视年轻教师的意见，使年轻且有经验的教师不会流失。这样才能避免教育界出现断层。

我认为教育的重点，应该在教导学生建立乐于进步的学习态度。我曾见过有学生的学习态度非常消极，所以便在课余时帮这个学生补课，也因此和他逐步建立互信的师生关系。后来我看见这名学生不断成长和进步，感到非常满足和欣慰。我认为与其要求学生及格，不如把心力放在改善他们的学习态度上。这才是最重要的，也希望制定政策者能明白这点。

郭：你真是一位值得尊敬的老师。我们说回香港吧，你怎样看内地与香港融合？

曾：香港已回归祖国，内地与香港融合是必然的。但是，这需要中央政府与特区政府更多的资源配套和有效的政策，也需要时间去适应。其实任何事都不能毕其功于一役，内地与香港融合不是短时间内可以做到的，但相信大家齐心协力，提出可行建议，最终是可以达成的。

---

① 常额制：全称教师常额制，指教师薪酬已成为学校恒常开支的一部分，所以除非常情况，一般都是每年自动续约且按照薪酬机制自动增薪，直至退休。

郭：最后想问一下你，现在香港回归已20周年了，你当年是怎样看回归这件事的？现在又怎样看？

曾：回归当年我的年纪还很小，对制度转变怀着忧虑。我担心回归后香港会否全面使用普通话或人民币，对经济发展的期望也不大。但香港回归至今，人们的生活变化不大，香港也比世界上很多地区安定。其实只要有手有脚，愿意去做，温饱不成问题。现在，我对香港是充满期待的，希望特区政府以及香港人一起去努力、去改变。

孔永乐：香港教育需要重视中国元素

孔永乐在香港土生土长，现为清华大学国际关系学系博士生，2009年于香港中文大学政治及行政学系毕业，工作两年后负笈英国剑桥大学，完成硕士课程后继续在香港工作。2015年起于清华大学国际关系学系开始其博士课程，曾获得教育部港澳及华侨学生一等奖学金及清荷奖学金。过去数年，孔永乐在不同高等院校学习或工作，并一直关心大学生的福利问题。孔永乐亦曾担任大学的最高宿舍导师（Chief Residence Tutor），在英国剑桥大学修读时亦为校内研究生学生会（Graduate Union）的学术事务委员。孔永乐现时为国际学术期刊 Bandung: Journal of the Global South 及东南亚综合杂志《印尼焦点》编委，最新学术文章在英国伦敦帝国学院出版社（London Imperial College Press）出版。

受访者：孔永乐（以下简称为"孔"）
采访者：王言（以下简称为"王"）

王：孔永乐，很高兴认识你，你在香港土生土长，你对香港回归有什么感受？

孔：香港回归时，我只是 11 岁的初中学生。坦白说，当时没有特别强烈的感觉，依稀记得校园及社会的气氛良好，在电视和电台经常听到《明天会更好》的歌曲，旋律动人，歌声悦耳，这对香港的回归也留下良好印象。不过，回归后在中学教育及大学教育似乎也没有特别强调中国的元素。个人成长时的高中课程仍以英文为主，为了考取好成绩升读大学，每天学习英语的时间比了解普通话及中文更多。进入大学后，大学的课程亦主要介绍西方民主理念、英美政治制度及以 "西方"的角度诠释香港政治。当我其后有机会到新加坡及英国等大学进修及深入了解时，我渐渐觉得香港的大学教育有不少值得深入讨论甚至下决心改革的地方。过去数年，我接触了不少香港本地及非本地的学生，幸运地遇到非常优秀的学生，但亦了解观察到自己及其他本地学生不足的地方。若从学术的角度看，香港的大学发展应是中国近百年来"现代化"时会遇到的一些问题。如果我们真心关注学生的个人成长及未来的社会发展，我们更需要客观分析，认真思考香港回归后的教育问题。以往是依赖英国人为我们做决定，现在我们必须依靠自己，决定用什么方式才有利于下一代。这是我对香港回归的最大感受。

王：谢谢！那么你对香港的教育有什么看法？

孔：首先要强调的是我并非研究香港教育的专家，只是在过去 10 多年有机会在不少大学修读或工作，也了解到不少学生在学习及求职时遇到的困难，在此分享一些看法。例如，一个非常重要的问题，无论在幼儿园、小学、中学或大学教育课程内，我们应该以广东话、普通话还是英语作为主要教学语言？语言会塑造一个人的文化价值观。过往，英、美等西方国家的强盛将英文教学推至一个近乎至高无上的地位，并排斥其他语言。现时，中国国力正不断上升，未来中文一定会越来越重要。从历史的角度看，以往中国国力强盛时，我们看到中文在韩国、日本以及东南亚地区之影响。不过，我觉得香港回归后，香港的教育不单欠缺中国元素，还未能真正包含世界多元化的局面。如果香港青年失去了中国历史文化之根，他们的下一代更可能面临文化危机，情感上认不清自己是否为中国人。这便成了超过两代人的问题。

王：最后，你对香港青年有什么期望或建议？

孔：我希望自己及香港青年保持不断学习的良好态度，并尝试多了解国家及世界不同地区的文化及优点，这样才能在全球化的环境下不断进步。全球化经济一体化下，香港教育也不能彻底移除西方的元素，但中国的元素必须加强，这样香港才能成为一个真正中西文化交汇的地方。

陆贞元：香港可协助国家推动『一带一路』倡议

　　陆贞元，于香港中文大学获学士及硕士学位，英国伯明翰大学博士。毕业后，前往昆明理工大学管理及经济学院担任副教授。自2017年起，在香港公开大学担任客席副教授，研究范围包括医疗保障制度、电子政府与治理、公共政策分析、软实力，曾出版3本英文著作，并曾接受文汇报及中央人民广播电台《我从香港来》访问。陆贞元致力研究中国热点问题，期望通过严谨的研究方法和扎实的理论根基，让更多人能更全面地了解中国。

受访者：陆贞元（以下简称为"陆"）
采访者：孔永乐（以下简称为"孔"）

孔：陆博士，香港已经回归20周年了。你可以分享一下当年回归时的感受吗？

陆：我觉得香港回归中国是一个历史性时刻，为实现中国统一和维护领土完整迈出了重要一步。所以当时我是非常雀跃的。香港回归20年，一路走来，在中央政府的支持下，香港特区政府沉着应对亚洲金融风暴和非典型肺炎等危机。中央政府成为维护香港经济繁荣和社会安定的坚强后盾。

孔：陆博士，我知道你非常热衷研究中国热点问题。可以说一下你最近关注的议题吗？

陆：我最近都在研究"一带一路"，当中特别包括"一带一路"倡议如何推动区域一体化和全球一体化，"一带一路"给予香港的机遇，以及"一带一路"如何促进内地与香港融合。我觉得"一带一路"是我们必须关注的。首先，"一带一路"是具有前瞻性的大国倡议，强调透过共商、共建、共享的平等方式，逐步推动亚、欧、非三大洲60多个国家和地区的合作，获得多国政府和联合国的高度评价。其次，"一带一路"倡议在经济、政治、外交、人文、意识形态等多个方面会产生深远的影响，香港在"一带一路"建设上须扮演重要角色。再者，中央政府和特区政府一直致力推动内地与香港融合，"一带一路"倡议如何推动内地与香港融合，是值得关心的问题。

孔：陆博士，那你觉得在"一带一路"的问题上，现时香港可以扮演什么角色？能跟我们分享一下吗？

陆：我觉得香港可积极发挥其所长，补足国家所需，协助国家推动"一带一路"倡议，使国家能更深度融入世界经济，实现经济社会可持续发展。在金融方面，香港是全球最大的离岸人民币融资与资产管理中心。而香港奉行自由市场原则，有完善的法律制度和产权制度、稳健的监管制度，有助于增强投资者配置和持有人民币资产的信心，对推动中国金融市场自由化、人民币国际化发挥积极作用。

孔：陆博士，你刚才也提到内地与香港融合。你可以在这方面分享一下你的看法吗？

陆：我觉得，内地与香港融合是一个循序渐进的过程。由于内地与香港存在制度差异，当中存在摩擦在所难免，自然需要时间磨合。内地人民与香港人民需要互相理解和互相包容，这样才能达到优势互补、互惠互利。内地与香港签订了《内地与香港关于建立更紧密经贸关系的安排》，促进了内地与香港经济融合；内地与香港的教育、文化交流亦促进了社会融合。深广高铁、港珠澳大桥将进一步加快内地与香港设施配套的融合。我非常期望"一带一路"倡议能推动内地与香港融合，为香港拓展商机；在区域层面上，加强周边国家对中国的信任，和平共处，促进互利双赢的经贸关系，实现协同发展，共生共荣。

陈晓锋：我对香港未来充满信心

陈晓锋（右）

陈晓锋，籍贯广东揭阳，香港城市大学法学博士，师承中国法律专家、香港立法会议员梁美芬博士。目前在英国牛津大学中国中心担任访问学者，从事法学的交叉学科研究工作。研究兴趣包括法社会学、"一国两制"与《基本法》研究、宪法行政法学、国际经济法、"一带一路"争端解决机制等。

受访者：陈晓锋（以下简称为"陈"）
采访者：孔永乐（以下简称为"孔"）

孔：陈博士，你好！很高兴可以采访你。我知道你是一名"港漂"①，到港修读硕士和博士，你当时为什么选择到香港呢？

陈：其实我跟香港算是有点缘分。大三的暑假，我收到了美国加利福尼亚大学、澳大利亚悉尼大学，还有香港中文大学和香港城市大学的录取通知。最终我还是选择了香港，这算是一种缘分。

我在深圳大学法学院念本科。大一时，院长叶兴平教授在他主讲的国际公法课上，不时会谈到一些生涯发展和人生哲理。我记得他曾提到，他推荐了一位学生到港读书。那位学生非常努力，最终在毕业后顺利留港工作，办公室面向维多利亚港，那是一个发奋成功的励志故事。当时我对叶老师所说的景象非常向往，这为我来港求学埋下了种子。

到我大三时，时任香港城市大学法学院院长的王贵国教授获邀来深圳大学讲授国际经济法。我有幸一睹其风采，且被其深厚学识和国际视野所折服。他是我心目中第一个拥有"法学家"形象的教授，是一开口便有着强烈气场的"名家大师"。所以我便想，如果能当他的学生就好了。因此，我后来决定到香港城市大学攻读硕士。

说来也有趣，虽然我最终没能成为王教授的"入室弟子"，却成为他的太太梁美芬教授的学生。这也算是我的缘分。

孔：你在香港的就学情况如何？有什么样的体验？

陈：记得我在香港城市大学读书时，除却研究生会的工作，其他时间都花在了图书馆。我跟朋友说，我的"坐功"特别好，可以整天待在图书馆。艰苦奋斗，总是有收获的，最后我拿到了香港一个知名投行的工作机会。不过，最终我没有接受那个机会。

孔：啊，这么好的机遇，你怎么不要了？

陈：我最后选择了到广东的贫困山区工作。因为我相信，这种经历不

---

① "港漂"：泛指中国内地到香港留学及工作人士。

一定每个人都有机会。我义务教农村青年学电子商务，在网上做生意，促进了当地的电子商务发展。许多无业的农村青年，因学习了新技能，有了工作，从此走上正轨。这对我理解香港的青年问题有一点启发。香港的屋邨青年，存在一定的失业问题，香港特区政府如果能让他们掌握一门技能，因此而找到一份合适的工作，我相信年轻人对特区政府的不满情绪会有所消减。

我也建议特区政府多鼓励香港青年到内地山区做义务工作。一方面，可以使他们看到，国家养活13亿多人，让我们的生活由一穷二白变成小康，绝不是一件简单的事。另一方面，可以建立起香港青年的责任感，知道幸福得来不易，要好好把握机遇。

孔：说得对，我也非常认同。香港回归已经20周年了，你怎样看香港的前景？

陈：我作为法学学者，会更多地从制度方面来理解香港。我个人认为，社会各界须更深刻理解"一国两制"的内涵。特别是"一国"的问题，我们在香港应坚定不移、毫不含糊和大胆地坚守"一国"的理念。在"两制"上，执政者应有治港意识，最大限度地保障香港永久居民的权益，应把服务香港市民当作自己的使命，而非只是一份工作。我对香港的未来充满信心。一方面，香港背靠祖国，而祖国未来发展一片光明。另一方面，作为法学学者，我认为"一国两制"一定会成功。

袁尚文：
香港青年应把握『一带一路』的机遇，一展所长

袁尚文，"城市智库"香港经济及物流政策研究中心总监，专门研究物流及风险管理，同时也是香港青年协进会副会长。现时在香港理工大学担任高级讲师及学术统筹。

受访者：袁尚文（以下简称为"袁"）
采访者：王颖怡（以下简称为"王"）

王：袁博士，你好！我知道你不时就"一带一路"发表文章。可以谈一下你对"一带一路"的见解吗？

袁：我认为，"一带一路"的发展，将会影响中国及国际未来20年的发展方向。中国现在是全球第二大的世界工厂，发展丝绸之路对国家发展十分有帮助。同时，"一带一路"也可带动珠三角的经济，发展各地所长。

另外，香港在物流和航运上的表现十分出色，包括货运和服务供应链，而在酒店、餐饮、旅游等行业上也有很好的表现。假若香港经济起动，相信对有关服务的供应链也会有所增长，所以"一带一路"对国家，其中当然包括香港都有着正面发展的影响，能够推动经济及就业。

王：那么，你觉得在"一带一路"的建设上，香港有什么需要注意的？

袁：我觉得现时香港市民对"一带一路"的认识，主要来自传媒。相对而言，特区政府的宣传较少，有待加强。我希望特区政府可做出更多研究，在不同层面（例如民间智库团体）投放更多资源进行调研及宣传，让社会更能感受到"一带一路"中的商机及发展。这样业界人士就能把握机遇，做出相应的营商决定。

王：我知道你专门从事交通物流的研究，你怎样看回归至今香港在交通运输上的发展？

袁：香港约有700万人口，面积1100多平方千米，一般来说不论地点远近，均在1小时的车程内。香港的公共交通设计颇完善，唯一的问题是塞车情况有待改善。

过去我曾研究香港的塞车问题，发现最大的原因是车辆太多、3条隧道的车流分布不平均。而且，由于香港的面积不大，当一个地方拥堵时，另一个地方也可能因此而引起拥堵。记得有次当观塘发生拥堵时，连长沙湾也会出现拥堵的情况。

另外，香港的交通规划是以铁路为主。虽然香港的铁路在世界上排名是数一数二的完善，但特区政府也应该考虑未来的交通发展是否仍侧重铁路。铁路也有其不足的地方，例如兴建铁路需要庞大的资金，同时铁路未必能做到"点到点"的要求。很多时候，乘客到达铁路站，还要换乘小巴或巴士才能到达目的地。其实坊间讨论过类似"轻轨"和电车的计划，我认为这也是环保可行的方法。

王：那你又怎样看香港未来的物流发展？

袁：我觉得在交通运输方面，货运是很重要的。在现时的香港物流业界，码头业的货运量不断下降，主要原因是内地码头不断发展，例如深圳和广州的码头等。选择不断增加，自然也削弱了香港的竞争力。但航运和货运一直是香港经济的主要组成部分，因此希望特区政府与各省市政府能互相配合、发展优势。近来，国家提出发展大湾区，希望将来香港的高增值服务和产品也可通过香港转口而蓬勃起来。

同时，特区政府倡建第三条跑道，相信空运也能达到可持续发展。现在跨境人流很多，如何令口岸过境更畅顺是很重要的，长远来说特区政府要配合基建（如港珠澳大桥）的配套，令交通人流更畅达。

王：香港回归已20年了，你能给年轻人一点勉励吗？

袁：我希望香港年轻人能在"一带一路"的发展上把握到一展所长的机会。"一带一路"的发展是长远的，在20多年中会有不同的阶段。现时"一带一路"正处于基本筹备阶段，香港年轻人可投入更多他们的思维，透过参加比赛等平台把创意表现出来。

同时，我也希望特区政府要更有规划地向年轻人介绍"一带一路"，让他们能够因应香港未来的需要学习相应的技能，做好准备。我也鼓励香港年轻人尝试创业，配合特区政府提供的适当支持，通过创业拓宽眼界。香港年轻人应多到内地走走，多参加交流团、实习计划和义工服务等，更深入地认识祖国。

梁泽轩：香港人要接受自己是中国人

　　梁泽轩，1978年出生于香港，现居于香港。2001年于新西兰奥克兰大学毕业，2003年于澳大利亚莫纳什大学硕士毕业，毕业回流后在香港工作。2017年获委任为阳江青年联会港澳特邀委员、五邑青年商会会董、"城市智库"委员，曾在多家银行工作，现任职中信银行钻石鉴定师。

受访者：梁泽轩（以下简称为"梁"）
采访者：孙绍豪（以下简称为"孙"）

孙：泽轩，多谢接受访问。香港回归前后，哪一方面令你印象最深刻？

梁：回归前我仍是学生，记忆中当时的港人较西化，亦较多抱大香港心态。回归后内地发展越来越快，其实很多东西香港需要向内地学习。例如我回内地探望朋友时，都会看到他们用内地很流行的WeChat（微信），不论是与朋友交谈或电子付费都十分方便。内地进步很快，尤其是年轻人，相比起香港的来说他们对接受新事物更为开放。

回归之后香港最大的改变，我觉得是争执多了，尤其是近数年，内地进步很快，一般香港人又未必能接受与内地融合，像是故步自封一样，不像回归前的状态那么和谐。其实这种不安情绪在全球也有出现，一些基层人士，特别是年轻人，他们向上流动的机会减少了，于是情绪便爆发出来。总括而言，回归前的部分香港人较自大，抱着"大香港"心态看世界；回归后他们自卑的情绪较多，我认为其主因是不能接受大环境的转变，心理较狭隘所致。

孙：那香港人应如何调整心态才好？

梁：首先香港人要接受自己是中国人。早前有些大学生不承认自己是中国人，这令我很不开心，这种态度像是把内地和香港放在一个对立面上。其实香港回归对香港人来说绝对是好事，并非如坊间的流言蜚语所说对我们有种种伤害。事实上，国家推出的惠港政策，如即将推出的"债券通"①，都对香港有极大帮助。

香港人需要想一想，我们作为中国人，如果不投向祖国怀抱，难道要投向美国或其他地方？我相信很多香港人其实不了解近年内地的发展，亦可能是太过缅怀过往的成功，又或是曾遇到一些不喜欢的内地人，所以便以偏概全。香港人应该将心怀放开，看看近年内地的发展。此外，

---

① "债券通"：实施后将允许外国投资者透过香港交易所购买内地债券。

梁振英先生当选中国政协副主席,这属于国家级副职,可见国家是看重香港的。我认为香港人不应自视过高,香港只是一个城市,远不及内地一个省。

热心公益事务(中间为梁泽轩)

孙:加强香港人对内地的认识是最有效消除偏见的方法,对此,你有哪些提议?

梁:首先是要做年轻人工作,要多些带他们到内地,了解内地的发展。其次是工商,可带工商界人士去看看内地的科研成就。目前内地的科研盛行,商贸已达世界级。再次,可以加强一些软性手段,如内地的剧集已越来越受香港人欢迎,故可以借此把内地的信息带给香港人。我最近有看内地剧《射雕英雄传》,它便是香港与内地融合的一个活生生的例子,故事原著是香港人金庸,部分演员是香港人,剧首主题曲还是20世纪80年代香港版本的音乐。

孙：回归后对银行界的影响如何？会否多了内地客户？

梁：回归后生意增加了，以前没有太多高端客户，但自回归后，尤其是2008年之后，多了很多内地高端客户，他们主要是来买一些理财产品或基金。这些内地客户都很年轻，平均32岁左右，他们的生意都做得很好。相反，香港的高端客户年纪大得多，这可以说是回归前后内地与香港高端客户的最大分别。香港银行的业务亦要配合内地经济发展，香港作为人民币离岸中心，与内地合作机会亦大增。

孙：你希望特区政府未来在哪些方面帮助业界？

梁：特区政府在大数据及网络金融上都需要多下功夫，香港很少用到大数据，而网络金融则是刚刚推出市场，多了一些网上交易。其实在这两方面，特区政府都需要责无旁贷地提供协助。

陈伟平：
海峡两岸暨香港、澳门应共同担负中华民族伟大复兴的历史使命

陈伟平，毕业于台湾暨南国际大学，并获"大专优秀青年"的称号。他现于香港上市公司负责内地融资租赁事务，同时响应"大众创业、万众创新"的号召，与数位港台青年一同创业，并积极参与海峡两岸暨香港、澳门校友事务，也是香港经济师学会、香港大中华金融人员总会成员。

受访者：陈伟平（以下简称为"陈"）
采访者：陈一勤（以下简称为"勤"）

勤：陈先生，可以跟读者介绍一下你的成长背景、工作现况和社会职务吗？

陈：我早年以优异成绩毕业于暨南国际大学，并获台湾学生最高荣誉"大专优秀青年"的称号。为学，穿越海峡；为家，返回香江。也因为这个背景，我始终最为关心香港与台湾的关系，以及香港在两岸关系上所扮演的角色。毕竟，我自己最宝贵的青春年华，都与台湾这块2 300多万人口的土地有不可磨灭的关系。

勤：那回归至今，你较欣赏香港哪方面的事情？

陈：香港回归20年，经历了不少风风雨雨，但港人对专业的尊重和对廉洁的自律风雨不动摇，始终在全球保持良好形象。我认为这两者是香港保持国际金融中心地位的根基。

勤：是啊，香港这个根基非常重要。事实上，我认识的前辈中，也非常重视专业和廉洁。

陈：嗯！今天的香港，是一代代港人自强不息、奋力拼搏积累的成果，年轻人更加应该珍惜这份得之不易的结晶，凝聚共识，共同维护社会稳定。我们要着重发展民生经济，敢于面对全球挑战，绝不"影衰"①一代代香港人。在香港历史的洪流里，也让我们成为值得尊重的一代香港人。

今天的香港，背靠内地，有着特殊的经济及政治位置，应该更充分发挥它在内地对外开放过程中所需要的功能，成为国内与国外资本和人才"转口"的主要平台。同时，我们要心怀民族，主动完善"一国两制"的方针政策，展现首个贯彻落实"一国两制"政策地区的正面形象。

---

① 影衰：影响声誉，败坏名声之意。

勤：陈先生说得对，我们应做好自己，不"影衰"香港人。我知道陈先生你也很热心于社会事务。

陈："思天下有溺者，犹己溺之也。思天下有饥者，犹己饥之也。"教育的意义不是培育精英机器人，而是培养具有同理心、社会责任感，愿意聆听弱者、帮助困者的能者。所以作为有识之士，在繁忙事务下，也不应忘却义务工作。我曾任大学圆梦导师，协助青年学子追逐梦想。我协助的学子中，有许多获得世界比赛奖项的人才。令我感觉欣慰的，不仅是青年学子取得的成绩，更多的是青年学子的父母家人对孩子梦想的认同与赞扬，让他们的孩子有了放飞梦想的自信和勇气。

勤：刚才你说到非常关注香港在两岸扮演的角色。香港已回归20年了，你对海峡两岸暨香港、澳门的民间交流有何期待和愿景？

陈：振兴中华，匹夫有责。我服务校友团体多年，认为要持续推动两岸民间交流的扩大化、深入化和年轻化发展，推进两岸具有历史渊源大专院校的校友合作事宜，并积极在国外寻找符合条件的试点。值得欢喜的，不是那一纸的约定，而是透过两岸校友的交流，形成两岸智慧的融合、历史的认同，以及情感的联结，让民间多一个维护两岸和平发展的管道。

勤：还想问一下陈先生，你在香港回归时有何感受，又如何看内地与香港未来的前景？

陈：我忆起当年香港回归，心中的激动无与伦比。我们要坚定信念，维护"一国两制"方针政策和《基本法》，继续发挥"狮子山下"的港人拼搏精神。我们也要把握国家"一带一路"、粤港澳大湾区建设及内地供给侧结构性改革的机遇。这样，香港势必有长期的繁荣安定。在这中华民族崛起的重要时刻，海峡两岸暨香港、澳门应共同为中华民族伟大复兴的历史使命做出贡献。

杨田田：
内地与香港融合是大势所趋，希望香港能把握国家发展的机遇，发挥比较优势

杨田田，内地出生，英国留学，正努力扎根香港。读书时修读会计与金融专业，是英国注册会计师。曾在中资、港资公司多个岗位工作，阅历丰富，目前从事投资业务。来港后积极融入社会，参加多个社团，目前为香港青年联会会董、香港时事评论员协会会员。热爱香港，笔耕不辍，主要关注经济、创新科技、青年、房屋土地等议题。

受访者：杨田田（以下简称为"杨"）
采访者：孔永乐（以下简称为"孔"）

孔：杨田田，你好。很高兴认识你。你说你在内地出生，可以分享香港当年回归时，以及现在你的感受吗？

杨：香港回归时，我非常激动，希望内地与香港能尽快融合，希望能把香港先进的企业经营、社会管理经验引入内地。回望回归20年，我觉得回归后的香港走过的路比当年预计的要艰难一些。现时社会有些争执，希望香港能尽快重回正轨。

孔：是的。我也希望社会能减少争执。你最关注的议题是什么？关注的原因是什么？

杨：现时我最关注的是与青年相关的议题，比如经济、创新科技、房屋土地，以及教育、青年和人才发展。我尤其关注香港与内地的合作，比如大湾区发展规划、深港合作。关注的原因有三个：第一，我希望香港能把握国家发展的机遇，发挥自己的比较优势，找到下阶段经济发展的动力。第二，目前香港青年的参政意识增强，但部分青年对国家政策和香港政策的了解不足，同时青年政治人才也不足。我希望这些议题能推动青年对政策的全面了解，也希望推动社会对青年的关注，共同为青年争取更多机会。第三，我是投资经理，从个人发展来说，我关注宏观经济和创新科技机会，同时也承受着高竞争、高房价的压力，因此经济发展等议题和我本人切身相关。

孔：你刚才说到回归当年，你希望内地与香港能尽快融合。那现在，你觉得内地与香港融合的情况如何？是否跟你的期望一致？

杨：我个人认为，内地与香港融合是大势所趋。首先，香港应重点发挥在教育、资金、法律等方面的优势，不断开发服务内地市场的增值业务。例如，近期我们可以抓紧粤港澳大湾区机会，使香港的资金、专业服务北上服务其他城市。因此，特区政府政策的着力点应是设立机制支持香港资金流入境内，以及支持专业人士北上从业。其次，香港应和内地城市协调资源分配，避免重复建设，陷于内部竞争。比如，大湾区内有多个机场，且航线趋向相近。未来需协调区内机场的发展规模和航线分布，能否考虑由香港机场承担更多的长途国际航线，深圳、广州等机场承担国内航线及部分短途国际航线呢？又如，香港在全球港口排名中已跌至第五，而深圳排名第三。本港土地不足，未来是扩建港口码头力追深圳，还是放下在这方面的竞争，将珍贵的土地资源释放出来，转为发展其他更具优势的用途？最后，香港应考虑借力内地城市，协助解决本港的民生问题。比如，本港人口老化，医院兴建不足，未来可否参考"深港通""债券通"，在大湾区内推出"医疗通"，通过协调内地与香港医疗体系差异，让本港长者在内地也可以享用优质医疗服务，帮助长者安心回内地养老？

孔：这些都是不错的建议，看来你也是不错的参政人才。最后，想问一下，你作为年轻人，有什么寄语香港的青年？

杨：我认为我们年轻人应抓准香港在国家发展中的定位，积极和全面地把握国家发展带给我们的机遇。例如在科技创新方面，香港青年应好好把握大湾区和河套地区发展的机会，发展自己的事业。

梁跃释：
特区政府应思考如何减少纷争，使社会健康发展

　　梁跃释，现为投资分析经理，主要涉及证券投资、交易买卖、操盘，也是一位独立的股评人，同时从事业务策划工作。梁跃释在17岁时，因健康问题到澳大利亚珀斯留学六七年，经历两地不同的文化背景和生活节奏。在2001年，梁跃释回港加入金融业，也曾经从业于广告界，主要负责业务推广和金融投资。

受访者：梁跃释（以下简称为"梁"）
采访者：庞蔼琳（以下简称为"庞"）

庞：梁先生你好，很高兴能访问你。你也知道，我们正在编写有关纪念香港回归20周年的书。你怎样看现时香港的情况？

梁：我自己比较关注早前的特首选举，其实起初我是支持曾俊华的，一直有留意曾先生的政策及谈话。不过，林郑月娥的演说，也让我留下了深刻印象。在林郑月娥成功当选后，我比较关注特区政府会如何搞好经济，以及如何支持金融改革。香港存在政治纷争，需要长时间去改善。香港能否摆脱政治问题，在短期内好好促进经济发展，做出有效、有利民生的发展，这个是我最为关注的。

回归20载，内地在基建土木、贸易方面带动了香港经济，香港成为名列前茅的国际贸易中心和环球金融中心。自2000年起，科技资讯行业变得相当重要，它既影响民生，也提升人的素质，间接影响全球发展。内地与香港要一同不断进步，香港就要更能紧贴市场潮流，如4G、Wi-Fi等在内地部分城镇的普遍性仍不足，而香港已有成熟的市场。

庞：看来香港仍有不少优势。

梁：是的。不过，香港虽然有些方面发展成熟，但也有一些劣势。从商业角度来看，电子商贸的发展仍不足。阿里巴巴成功在美国上市，内地市民常用支付宝、淘宝等。反观香港，仅有八达通。内地对网上金融体系的信心高于香港，香港本地市民常常担心被外人提取款项或网络入侵等，科技的接受能力较低。又例如Uber（优步），相信难以在香港推行，因香港的士牌照十分贵，Uber会损害的士司机的生计。

金融产品的安全性也有进步空间。一些亚洲国家未能认购的产品，香港都有信心安全地销售。可是市民仍有不受保障的局限，产品安全性与透明度不够高。特区政府可以改进金融系统，提升透明度，如强调产品中市民会忽略的地方，特别是保险和保障性产品，当顾客以为有一定保障、高回报时，可能实则未清楚当中条文。

庞：我也同意香港仍有不少值得改进的地方。你刚才说到经济发展的问题，你觉得新一届特区政府有什么可以做？

梁：我建议特区政府给予更多资源支持几类行业，包括资讯科技、医疗医药、新能源发展。在科技软件上提倡网购等系统，香港创新及科技暂时未能看见真正对大众市民有益的产品，期望增添资源，吸纳、培育新人才，即使是不属于这个行业但有心的人士亦可。一旦科技发展，将使本港更智慧化。我有信心，香港绝对可以成为顶级具指标性的地区，市民甚至中小企业都能获益。

庞：你作为金融界人士，可以就业界提一点意见吗？

梁：我认为本港的中小企业、上市公司正处于被动状态，发展计划受制于外围因素和本地环境。近年来香港较多依靠内地资金，沪港通也的确鼓励了更多资金南下。我认为金融未来发展还是要观看内地对香港经济的定位。

现在有些人否定内地与香港融合，但我对内地与香港融合是持欢迎及乐观态度的。香港受惠于内地的政策、人力和资金，内地资金到来，配合香港技术，各取所需，互惠互利。我认为，内地与香港合作对于中小企业是赚钱、发展未来的方法。

不过，香港的境况，我是有点忧虑的。2015年，我因有生意机会到北京，最终与在澳大利亚相识的内蒙古朋友重聚，一起打拼，我充分感受到内地青年的奋斗精神。相比之下，香港的创业资源、架构平台支援相对薄弱，香港人无奈于生活的压迫，减扣生活开支后，所余无几，无力去付首期或创业。

庞：的确，生活费用高昂的问题不解决，发展机会是有限的。最后我想问一下，你自己从回归当日直到今天，对香港的感觉有没有改变？

梁：其实香港回归当年，我还是一名学生，对政治不太关注。直到近一两年，因工作关系，我经常与各政党接触，才开始研究和思考个中原因、动机。现在一些年轻人因资讯的便利化，可能会接触到一些似真似假的事情、论说，如果不加以理性判别，就易被煽动。我相信，内地还是希望香港更好，而香港特区政府应要思考如何减少纷争，使社会健康发展。

梁浩宏：
矢志要做的，便要坚定意志尽全力地去做

　　梁浩宏先生于2000年毕业于香港城市大学制造工程系，毕业后曾从事销售工作及其他市场部门的工作，现任职于保险公司。

受访者：梁浩宏（以下简称为"梁"）
采访者：林海铭（以下简称为"林"）

林：梁先生你好，很高兴能访问你。你现时最关注的议题是什么？

梁：我最关注的是事业前景，希望有更多向上流动的机会，也非常关注现时的就业情况和政治气候。由于我家里有小孩，所以也非常留意有关教育的消息。现时有些香港年轻人认为自己没有出路，毕业后不知应从事什么工作，因而变得偏激，走错了路。我认为这跟教育有关，所以也非常关注特区政府日后的教育方针。

林：我也觉得社会上多了一些思想较激进的人。而且，我也还是学生，也有点担心毕业后的前景。

梁：其实也不用太担心。就像我吧，工作了20年，一向是比较积极正面去看人生的。在香港生活的最大好处是，只要你愿意工作，必定能维持生计。我当初也曾跌进低谷，出现家庭问题，跟妻子分开，要独力照顾小孩。我曾经想过，不如放弃吧，去领取综援算了。后来又想，是否真的就这样埋没自己，放弃自己的人生？细想之后，便觉得不应该浪费了自己读过的书，因此投身保险业，从零开始考牌。在奋斗的过程中，我不曾轻言放弃。我认为这是作为父亲的一种身教，我要让孩子明白，矢志要做的，便要坚定意志尽全力地去做，绝不可轻言放弃；没有尽力，却自以为不能胜任而放弃，这是最不可取的。

林：梁先生，谢谢你的教导！相信你一定是一位好父亲，值得欣赏。说到欣赏，想问一下你，回归至今，你觉得香港什么最值得欣赏？又有什么最需要改进？

梁：我认为香港最值得欣赏的是治安良好，没有任何恐怖袭击。另外，法治精神暂时来说也还是值得欣赏的。

而说到需要改进的，则主要是在国民教育方面。香港近年发生的一些冲突，究其原因，是由于我们这个世代经历了港英政府管治，对中国文化的感情不够深厚才渐渐出现的。我认为，加强下一代的国民教育是有必要的，主要目的是让他们知道自己也是中国人。香港在文化发展上亦应跟随内地的方向，多做教育。另外，我认为，香港人口渐增，特区政府须着手研究人口政策。

此外，我也希望香港未来能创造更多就业机会，增加不同类型的工种，而不是只着重金融业的发展，忽略其他行业。现在香港太着重房地产买卖，其他方向的发展略有不足。我自己也从事保险及金融行业，在10年前，香港仍有不少其他行业，现在的发展则过于单一。我觉得保险业是有前景的，毕竟每个人都有保障的需要。这个行业不能单靠电脑接洽保单，需通过人与人之间的面谈和交流，比较人性化。

林：对于香港回归，你又有怎样的看法？

梁：我当年对回归感受不深，因当时还年轻，刚上大学，没有想得那么遥远。那时我只一心希望尽力完成学业，认为回归与我的关系不大。毕业后，我所读的专业决定我须回内地工作，因香港已没有这些行业。在工厂里，我才意识到自己与朋友都需要认识内地的情况。这是我个人的体会。

张瀚文：无所畏惧，迎难而上，寻找自己的天空

　　张瀚文，1988年出生于四川省巴中市，2011年到香港理工大学攻读金融硕士学位。现任英国保诚集团分行经理，并创立了自己的管理团队。张瀚文在工作上表现突出，获得国际优质顾问奖、国际龙奖，更成为"百万圆桌"超级会员，每年获邀赴美国、英国、法国等国家参加海外会议。工作之余，她也经常回内地高校进行巡回公益演讲，跟学生们分享自己的成功经验。

受访者：张瀚文（以下简称为"张"）
采访者：骆乐（以下简称为"骆"）

骆：张小姐，你好！你是从内地来港的，可以说说你在香港的生活情况吗？

张：你好！其实你叫我瀚文便可，也可以叫我"丢丢"。我在香港已经工作了四年，融入了这里的生活。从学广东话，到开拓市场，学习市场行销，逐步掌握了这里的工作和生活节奏。开始时我只是一名理财顾问。但之后我每年升一级，到现在已经是分行经理。我的客户群，也慢慢由几个人扩展至一定的规模。我现在也成立了自己的管理团队，带着一群小伙伴一起打拼。

我从小就看TVB①剧，对香港有着一种无比的向往。所以在读完本科以后，虽然也有考虑去欧美读研究生，但最后还是选择来港深造。因我在2010年曾来港交流，当时对香港的感觉非常好。这里既有粤语和英语环境，又兼具西方文化和中国人的人情味。因此，我最终选择来港深造。

在毕业之后，有感于理财行业的发展前景不错，也有很好的发挥空间，便决定加入这个行业。这是一个有付出便有收获的行业。我很高兴能来到香港，而在这里的经历，也会是我人生宝贵的积累。

骆：可以跟我们简单介绍一下你的工作吗？相信有不少人也希望听一听如何在这个行业发展。

张：我现在是分行经理，主要负责五部分的工作。第一部分当然是自己的业务要做好，累积经验，也可教导自己的团队。第二部分是协助团队拓展自己的客户群。第三部分是招聘，壮大自己的团队。第四部分是公司的行政及培训工作。我是特别重视培训的。第五部分是协助团队搭建发展平台。我原先的工作方式都是一个人打拼，但当了分行经理后，便要跟团队共同进退，与大家一起成长。我现在的满足感，也主要源于大家共同的成长与成功。我是一个"港漂"，我希望我能够在这里安家立业，也希望我的小伙伴能安居乐业。

---

① TVB：电视广播有限公司（Television Broadcasts Limited）的简称，又称"香港无线电视台"。

机会是给有准备的人的。我坚持做好自己，与志同道合的小伙伴一起打拼和成长，创造自己的社会价值。

骆：为社会创造价值，这实在是非常有意义。我知道你也在推动一些内地与香港交流的工作，可以给我们说一说吗？

张：其实主要有两方面，一方面是邀请一些内地大学生到我的公司进行交流。我们会以授课方式为他们提供培训，让他们在导师指引下认识商业社会的运作，提前体验香港的工作环境和氛围，为自己未来的事业做好准备。

另一方面，我们也会定期到内地大学分享经验，让他们了解香港的学习、工作和生活，确定未来的方向，开拓学生的国际视野。

对于学生来说，这类活动能扩展他们的人脉关系，让他们接收更多外来的信息，也让他们有更多就业和未来发展的选择。我也鼓励内地学生到香港读书和深造。香港是一个梦想舞台，有很多的发展机会。我希望同学们来港后能好好发展自己的潜能，能圆自己的梦。我认为能见证到学生们的成长，对我来说有莫大的成就感。

骆：香港回归已20周年。瀚文，你可以给年轻人一些寄语或勉励吗？

张：我自己觉得，香港是一个拥有很强包容性的地方。同时，这里机会也很多，只要愿意打拼，去寻找、去付出，终会获得想要的结果。事业路上总是不平坦的，有很多接踵而来的困难需要克服。我们要无所畏惧、迎难而上，大胆地去提升自己，才能创造价值，拥有自己的一片天空。

与参加交流项目的学生合影（左四）

赖志锋：用生命感染生命，让正能量在社会健康循环

赖志锋，广东潮州人，2010年毕业于香港科技大学计算机科学系，后获得哲学博士学位。博士毕业后，他毅然加入保险行业，现为保险公司营业经理、财富管理与保障副总监。

经过多年的耕耘，现在他的团队成员都具备硕士以上学历，服务超过600个家庭。赖志锋在2012—2016年荣获全球"百万圆桌"会员，2015—2016年荣获LIMRA保险国际品质奖IQA，2014—2016年荣获香港人寿保险从业员协会优质顾问大奖。他的目标是把团队发展成超过100人的高学历理财师团队。

赖志锋积极参与公职活动，现为"一带一路"发展联会常务副主席、香港华夏工商协会副主席。同时，他也担任香港电台嘉宾主持。

受访者：赖志锋（以下简称为"赖"）
采访者：吴钦武（以下简称为"吴"）

吴：赖博士，你好！很高兴能访问你。我知道你来港攻读的是计算机科学博士学位，但最后却选择投身保险业。能否告诉我们当中的原因？

赖：其实因为当初在中山大学读研究生时，有一位同班同学来自江西农村，他姐姐放弃读书，才让他能到中山大学来继续深造。但他不幸患上胃癌，在毕业前撒手而去。看到他父母和姐姐的神情，我便想到，如果我发生什么意外，对父母也会是个严重打击。后来我在香港科技大学读博士时，一位在读女博士突然患白血病身故，留下她父母孤苦无依。事情发生后，学生会就有人倡议要给所有在读的研究生、博士生买保险，我当时也是学生会的执委之一。香港科技大学也回应了我们的要求，自2007年开始强制性要求在读的研究生和博士生买医疗保险。我因而了解到保险的意义，这也成为我日后加入保险业的原因。

博士毕业后，我希望开创自己的事业，也希望能进入受人尊敬的行业。我也想自己能建立庞大的人际网络，并享受丰盛人生。我发现只有保险业才适合我。首先，保险业本身就是一门生意，长期可建立自己的商业王国。其次，保险也可替客户做财富管理和风险控制。做得好，便可获得中产和高净值的人士的尊重和认同。再次，保险业本身就需要建立人际网络，这符合我的性格。最后，保险业的收入丰厚，可改善我和家人的生活，我也能做更多自己想做的事。

吴：这是一个很重要的选择。作为博士，却选择从事保险行业，当中有没有什么障碍？

赖：博士学位本身就是一个障碍。一方面，以往长期从事的是学术研究工作，虽然也有参与学生活动，但沟通技巧还是较弱。另一方面，自己也放不下面子，不愿意找朋友谈生意。我最开始时是由cold call（陌生电访）着手，这样坚持了4个月，每天打3小时电话。其间自然会遇到不友好的回应，但在这个过程中我慢慢培养出与陌生人沟通的技巧和自信。

其实我的恩师杨伟诚先生也是博士毕业。所以有他的指导，我总算熬过初期的艰苦，逐渐赢得客户的信任。而且，也非常感激家人的鼎力支持，我连续四年获得了全球"百万圆桌"的资格，并在2016年更获得"百万圆桌"内阁会员（COT）的资格。

吴：你是如何适应在香港的生活的？一个内地来港人士，在香港从事保险行业，会否特别困难？

赖：说到融入香港社会，我开始时是透过参加社团活动，让自己尽快融入香港的。而且，我也自断了后路，要求自己在任何情况下都不能回内地。我初来香港时，就已被这国际化大都会所吸引，决心在这里扎根发展。所以遇到任何困难，我都绝不退缩，也逐步放开自己，多与人沟通，累积经验和人脉，渐渐地事业便开始上道了。

吴：看来你很喜欢香港，也已经融入了香港。香港回归已经20年了，你有什么可以寄语香港的年轻人呢？

赖：香港是一个多元化、平等、自由的社会。年轻人只要肯努力，是不乏机会的。专心一志做好自己的事业，定能在香港创出自己的事业天空。到事业有成时，也不忘回馈社会，用生命感染生命，让正能量在社会健康循环。

梁海宁：
期望香港未来医疗体系能跟上时代发展

梁海宁，现为公立医院放射师。他在本科时于香港理工大学修读放射学，在读研究生时修读电子商贸。他在港担任放射师已届 10 年。

受访者：梁海宁（以下简称为"梁"）
采访者：潘俊恩（以下简称为"潘"）

潘：梁先生，你好，我知道你是资深的放射师。你怎样看香港的医疗发展？

梁：我认为香港的医疗服务最大的一个问题是轮候时间非常长，这也是众所周知的事实。在等候期间，病人的病情可能会恶化，令医疗负担更大，治疗难度更高。大家都知道这个问题，但资源不足，病人轮候时间无法缩减。所以我非常期望特区政府推出"公私营医疗合作计划"，并配合"全民医保计划"，让社会上一些不太富有的人，可以透过私营医疗诊治他们的疾病，减轻公营医疗的负担。此举也可让公营医疗更有效服务有需要人士，减轻医护人员的压力，从而令公营医疗工作更有效率、更到位和更进步。

潘：你从事医疗行业多年，对自己多年的工作有没有什么感想可以分享？

梁：其实我们香港的医护人员，经常收到不少感谢卡，证明我们的服务都一直保持较高水平。医疗人员最重要的，是"心、精神和灵魂"。在香港整个医疗行业，绝大部分的同事都是非常用心和专业的。这是我感到欣慰的地方。

同时，工作时保持心情愉快也很重要。某种程度上，医疗行业算是厌恶性工作，例如要为病人抽取血液，组织、喂长者吃饭，处理排泄物，以及进行各种检查等。如果没有爱心，是难以完成工作的。幸好香港的医护人员都是愿意付出和无私的。

现时绝大部分的医护人员，都是以救人为己任，有为病人而付出的精神。这是不容置疑的。不过，与病人沟通也非常重要。很多时候，当要进行某些医疗程序或诊断时，须与病人和家属沟通好，避免对方难受。记得有一次，我的团队要为一位刚出生不久的婴孩做核子医学检查，检查他的肾部功能。由于这次核子医学检查的曝光时间很长，病人在过程中是不能移动的，否则整套影像就不能使用，影响诊断。我们先让孩子处于睡眠状态，然后准备进行检查。那时，孩子的父母竟拿出手机准备拍相片，但其实这是很不明智的行为。万一电话中途响起,吵醒了孩子,便会破坏整个检查流程。为了让整个过程顺利进行,我只好先请孩子的父母到检查室外。当检查完成后,我便跟他们解释当中的原因,幸好他们理解和合作。

医护人员要跟病人家属保持良好的沟通,让他们知道整个检查的目的、程序,理解和配合医护人员,这样才能让医疗程序能在最短时间完成。沟通良好,也是香港医护人员一直表现很出色的原因。

潘:很高兴香港能有如此优秀和无私的医疗人员,在此也想向他们致敬。刚才谈了你对行业的感受,还请谈一下,你觉得这个行业有什么值得改善的地方?

梁:我觉得首先是医疗压力的问题。现今的医疗压力越来越大,社会的要求也越来越高,一方面要讲求效率,另一方面满足市民的服务素质要求。香港的医护人员需要在两方面取得平衡。大家也要多体谅前线人员。

其次,由于资源有限,人手有限,病人数目又多,要与病人及其家属良好沟通是不易的。有时我们只能给予病人指示式的指引,这样做的效果其实并不理想,也对病人和家属不公平,还容易造成误解和投诉。事实上,医护人员的很多决定,都是以病人利益为中心的。大家应当互相多理解。

再次,由于医护人手有限,很多时候没有足够人手进行不同医疗程序。有时某些简单的工作,例如帮病人过床,本来是由助理及我们专职医疗人员负责。然而,由于人手不足,我们又忙于为病人进行检查参数的设定,为了让病人能尽快完成检查程序,在场负责病人急救的高级医生也会帮忙过床。这其实不是医生的工作,这样做只是为了让程序更顺利有效。所以在人手不足的情况下,有时连工作岗位的界线也不会分得太清晰、太死板。

社会对医疗的要求和需求与日俱增,医护人员的工作量一直增加。这是一个矛盾——既要增加工作量,又要提高工作质量,但资源又有限。这是我们需要思考和改善的。

潘:医疗人员确实非常辛苦,但也克尽己任。香港回归至今已经20周年了,你对未来有什么愿景?

梁:我是医疗人员,所以重点还是在于医疗体系发展和人口老化问题。我希望将来,当人口老化越来越严重时,香港的医疗体系也能跟得上时代的步伐。我们应运用信息科技及大数据，协助医护人员在繁重的医疗程序中进行交互查核（Counter Check），并将部分较简单的医疗程序半自动化，即先由人工智能做初步诊断，再由医生核实，以减少出错，提升工作信度及效度，减轻医护人员的工作压力。

同时，九龙东的人口数目日益增多，医疗需求也不断上升。我希望政府更重视未来九龙东的医疗服务，以使当区能一如既往，保持一贯的医疗服务水平，服务市民。

陈可昕：香港需要提高中医地位

陈可昕（左）

陈可昕，在香港土生土长，现为香港注册中医师。在香港中文大学中医学系以一级荣誉毕业，并被中文大学中西医结合医务研究所作为唯一的人选，选留在学校继续深造和就业，成为研究所中医师。

陈可昕现在香港中文大学中西医结合医学研究所兼职研究助理，她走在前线，努力设法把传统中医纳入香港医疗体系。近年来，陈可昕曾接受商台访问及为多本中医杂志撰写文章，同时亦为《阐释仲景脉诊》及《择释金匮要略》两本书的编辑小组成员。陈可昕一直致力于推动业界学习《内经》等古籍，多次邀请国家级著名老中医于香港为业界举办传统中医学习课程。陈可昕亦是中医殿医务所的创办人，临床擅长以"内经针灸"治病，到访的病人有明星、普通香港市民等，还有专程从国外及内地来港看病的妇女们。

受访者：陈可昕（以下简称为"陈"）
采访者：孔永乐（以下简称为"孔"）

孔：陈医师，非常高兴认识你。据我所知，香港土生土长的年轻人修读中医及成为中医师的人数并不多。你对香港回归及中医现状有什么看法或感受？

陈：我也很高兴认识你。1997年，香港正式回归中国，我内心有一种莫名的激动和兴奋，我终于可以堂堂正正称自己为中国人了。我一直努力学习，决心要当一位令中国人光荣的医务人员。现在，我很高兴，自己终于成为一位专业的注册中医师。

回归20年，离50年不变差不多走了一半。可是在医疗制度方面，香港和内地发展相差太远。内地有中西医结合医院，可是香港只有中西医结合诊所，而且，诊所大权在西医手上。所谓的结合，也只不过是各看各的，中医和西医始终都有不同的办公室和诊室，根本没有实质的结合。在英国文化的根基上，根本难以塑造出有中国特色的中西医结合形式。中医对现时香港的医疗制度来说，只是辅助形式，并不纳入公营医疗机构。当然，与20年前相比，中医现在的地位有所提高，有法定地位，可以为劳工开病假单。可是，与内地相比，还是有差距。我最希望的，是在祖国的帮助下，我们好好把香港医疗改革一下，提高中医地位，保留传统的中医文化！

孔：谢谢分享！你觉得香港在中医领域上有什么需要改善或值得赞赏的地方？

陈：中医建立在中国文化之上，所以应该要在易经的基本思想上建立。要做好中医针灸，必定要明白《易经》《黄帝内经》等。可是现在香港中学或大学，都无强制修读中国经典名著，当中包括《易经》。同时，在大学的中医教育内，就只保留最基本的五行学说，依我看来这并不足够。此外，香港是用西医来管理中医，大家的文化基础不同，系统建立的思想不同，这样的做法中医又怎能好好发展？有时候，我不禁叹息，中医连香港都未能影响，又怎能改变世界？又怎么帮助世界的亿万民众健康起来？值得赞赏的是，回归后，香港终于有自己的注册中医制度，中医受到合理的规范和官方管制，可以开病假单，并进行保险索偿等。大学和不同的院校也可以培训中医专业的学生，但我们中医业界仍需要不断努力。

孔：那么你觉得香港中医应该如何发展？

陈：中医要在香港发展成功，必须要多向内地的医学专家取经。世界上排名最高的中医院校，都是在内地。香港的医者，绝不可故步自封，扼杀中医的正常发展，把它与中华文化分割开来。我认为这里有四点尤为重要：第一，中医必须要保持原有的文化，《内经》《易经》不单要学，更要深明其中大义；第二，不可以让西医、物理治疗借故把中医分割和撕裂；第三，中医要有基本的社会地位，绝不可以低人一等；第四，要尽快处理好中西医结合的大纲。只有这样才能构造出一个更美好、更完美的医疗版图。

陈可昕（右）

邓铭心：深信香港能够在国际舞台上继续发光发亮

  邓铭心，英文名 Michelle，初中毕业后，在英国继续升学，2000年毕业于英国利兹大学（University of Leeds）建筑及土木工程学系，回港后于工程顾问公司工作超过15年。2011年，荣获香港工程师学会杰出青年工程师奖优异奖。

  过去15年来邓铭心见证了香港工程业界走出低谷，体会到工程专业与市民的生活息息相关，因而在工余时间她参与社区服务，包括就启德河规划提出政策倡议，到学校进行演讲及协助学生进行生涯规划等。2015年参选油尖旺区议会（尖东及京士柏选区）议员并顺利当选，并于2016年当选为选举委员会工程界别分组委员。

受访者：邓铭心（以下简称为"邓"）
采访者：丘健和（以下简称为"丘"）

丘：你好，Michelle，很高兴能够访问你。我想问一下你，1997年香港回归，当时你的感受如何？

邓：说到我的感受，1997年我还在英国，正完成高中，准备升读大学。我当时对政治的兴趣不大，在朋友圈子当中，修读政治的多是高才生，我感觉政治与自己有一段距离。那时，我与朋友之间甚少谈及有关香港的大事，因此对回归未有强烈的感觉。

不过，在回归前夕，我回港过暑假，和家人朋友一起欣赏璀璨的烟花时，都不约而同地欢呼喝彩，对未来的香港充满期盼。由于我的家人、朋友大多都在香港，因而大学毕业后我顺理成章决定回流香港，在一家工程顾问公司任职见习工程师，负责规划及设计渠务工程工作。

丘：我知道女性加入这个行业的不多。可以分享一下你入行以来难忘的事吗？

邓：记得当初入行去工地前，同事提醒我不免会遇上"粗口横飞"的情况，叫我有心理准备。不过我每次去工地，工友在我面前通常都很少说话。后来得知原来他们担心我未必能适应，不想冲口而出说了粗言，宁愿少说话。结果我叫他们不用太紧张，不久后，他们就打回原形。我觉得这是颇有趣的。其实工友们虽然有点粗鲁，但还是颇体贴的。

丘：你现在大概已经适应了吧？

邓：嗯，是的。另一件难忘的事，是我当时负责跟进九龙区的渠务工程，主要是解决雨季期间太子、旺角一带的水浸问题。与日常都会乘搭的地铁相比，虽然大众未必能感受到渠务工程的存在，但眼见数十年来的水浸问题最终得以解决，即使再辛苦也是值得的，令我体会到工程可以解决人的生活需要。

在施工期间，我经常与当区商户及居民会面，向他们解释工程进度、如何采取隔音措施，承诺何时还原街道，等等。从最初他们感到种种不便，甚至抱有质疑，直至施工期间逐步得到他们的谅解和信任，更不时与我们闲话家常，甚至有商户主动打折，等等，令我体会到社区是充满人情味的。没想到10多年后的今天，我会回到熟悉的油尖旺区服务市民。

丘：相信这是你参与社区服务的原因吧？

邓：嗯！但也是因为一次机缘巧合。记得大概2002年、2003年的时候，正值经济不景气，眼见工友被拖薪欠薪事件时有发生，我尝试向议员去信反映，希望能帮他们一把。结果，我找到了时任立法会议员的陈婉娴请求帮助。她不但亲自致电给我了解情况，更安排工会干事跟进，令我感觉到她亲力亲为，全力去为基层市民争取权益的态度。自从机场搬迁后，特区政府要重新规划启德发展区，陈议员邀请了地区及专业人士组成"启德发展民间联席"，就该区规划向特区政府提出具体倡议，而我有幸获邀其中，自此，我就与社区服务结下不解之缘。

丘："启德河规划"算是你们的成名之作。记得之前林郑月娥竞选期间，也有到启德考察。可否分享一下当中的过程？

邓：这是一个有趣而难忘的经历。启德河本来是一条明渠，主要排放沙田及黄大仙区的污水，长期受到重金属污染。自从大量工厂北移后，在特区政府渠务署不断改善下，水质开始清澈见底，更吸引到雀鸟在此栖息觅食。其后，特区政府重新规划启德发展区，计划覆盖启德明渠，以便进行绿化工作及扩宽道路，来应付新发展区落成后新增的交通流量。

本来方案已获得区议会通过，然而我们认为河道水质已大为改善，与其将河道覆盖，不如参考首尔清溪川河道活化的经验，研究如何全面美化河道。当时陈婉娴议员邀请了不同界别的专业人士如建筑师、测量师、规划师、工程师等，连同邻近的启德发展区规划一并进行可行性研究，希望透过优化新区规划，引入更多本地特色元素，创造更多就业机会，务求与周边的黄大仙、观塘等旧区达致有机结合。

丘：听来是很好的计划。后来又怎样？

邓：虽然是不错的计划，但最初我们提出倡议时，还是受到不少人的质疑。一来大众认为这未免异想天开；二来对早前通过方案的政党及地区团体而言，他们均忧虑一下子改变立场，会否招致市民质疑及反对。即便如此，且距离特区政府将方案提上立法会拨款的日子愈来愈近，我们还是锲而不舍地向政府部门及社会各界游说，争取推翻覆盖明渠的决定。

适逢2007年林郑月娥（即现任香港特别行政区行政长官）担任新成立的发展局局长，我们随即邀请她一同进行实地视察。她一直很认真听取我们的意见，后来更亲赴首尔清溪川实地考察。最终，特区政府及区议会推翻原先覆盖河道的决定，并展开活化工程。虽然河道肩负排洪功能，不能如清溪川般供游人在河边玩乐，但我们依然可以在河道附近前大磡村旁边兴建活水公园，展示如何透过水草、蚝壳等天然方法净化河道，使其成为未来贯通启德至黄大仙新旧社区的一条风景线。

这次经验令我感受很深，除了驱使我继续以专业建设社区外，更令我体会到与民共议的重要性。只要特区政府能够集思广益，特区政府官员多"接地气"，让各持份者可透过不同平台发声，且积极吸纳社区的民间智慧，施政自然能够事半功倍。

丘：嗯！这是个很好的经历。我也很期待将来能到活水公园看看。说到将来，你会怎样看香港的前景？

邓：我对香港未来的前景审慎乐观。其实一些市民对现实的不满，很多时候都是源于对事实的不了解，加上对未来缺乏安全感所造成。面对这般环境，特区政府需要秉持以人为本的精神，除了我之前所提及的"与民共议"外，更要主动及有耐心地向市民解释政策，为市民释除疑虑。每个地方都有各自不足的地方，其实香港的条件本来已经得天独厚，关键是事在人为，只要好好把握、善用优势，我深信香港必定能够在国际舞台上继续发光发亮！

邵展超：对香港前景充满信心

　　邵展超，毕业于土木工程学系，从事建筑相关行业超过21年，现为嘉安石矿有限公司①高级经理，范畴包括矿场的行政管理、人事管理、爆破、破碎、生产等。

---

① 嘉安石矿有限公司所营运的安达臣道石矿场是香港历史悠久的石矿场，见证了香港的发展。

受访者：邵展超（以下简称为"邵"）
采访者：潘欣宜（以下简称为"潘"）

潘：邵先生，你好！很高兴可以访问你。我听说你是从加拿大回流到香港的。

邵：是啊！我在20世纪80年代移民到加拿大，到1996年才回流香港，并开始从事建筑相关行业。其实当年我一个人只身回流香港，家人是反对的。但我相信香港建筑业的前景，所以就带着一个行李箱和700加拿大元回港。通过努力奋斗，我在两星期内找到第一份石矿工作。这21年来，我在香港"落地生根"，成家立室，有自己的物业，也有自己的事业。

潘：邵先生，你由700加元发展到现在事业有成，实在令人佩服。那你现时最关注的是什么问题？

邵：我觉得香港人最关心的是置业问题，而这个也是我最关注的。香港实行高地价政策，建筑成本上升，导致楼价高企。我从事石矿业，为香港建筑业提供建筑材料，例如混凝土、沥青等，我很清楚，这些材料不止用于房屋建筑，亦会用于公路、天桥等建设。这些材料的需求大，价格上升，建筑成本也自然会上升。

潘：邵先生，你在回归前回流香港，然后到事业有成。香港回归至今，你最欣赏的是什么？

邵：我认为最值得欣赏的，是香港的民主发展。香港回归前，香港社会接近西方社会，有着言论自由和出入境自由。到1997年，香港回归祖国，有一些香港市民担心香港前景，忧虑回归后的香港是否能维持50年不变。我认为香港在回归后仍有着自由民主，有着言论自由，出入境自由，集会、游行自由，等等。我期望新一届香港特区政府能与政党融洽相处，多聆听市民意见，社会才能进步。

潘：邵先生，你又如何看待内地与香港融合的问题？

邵：我认为香港回归祖国是不可改变的事实。然而，内地与香港融合不是一时三刻能够做到。内地和香港的文化、政治、经济都存在着一定的差异。不过，随着内地经济起飞，内地与香港之间的差异正逐步拉近。内地与香港融合是需要时间的，而50年是一个适合的时间。

潘：那你如何看香港未来的前景？

邵：我很看好自己从事的建筑行业前景，认为有一定潜力。香港至今仍有很多地方未开发，只有三成土地被开发，人口集中在九龙、港岛这些已发展的地方。香港在用地发展上迟迟未能达成共识，过去旧启德机场因特区政府与政党之间不能达成共识而荒废多年。香港建筑业未来充满希望，包括西九龙、观塘旧区、深水埗及荔枝角一带重建发展，未来"三跑"、港珠澳大桥等种种大型项目将为香港建筑业带来机遇，令香港建筑业蓬勃发展，亦为香港旅游业带来机遇。

陈健民：香港应向多方面发展，以保持优势

　　陈健民先生1999年毕业于香港大学土木工程系，加入建筑行业已10余年。现时为秀茂坪石矿场的土木工程师，见证矿场10多年的复修、运作。土木工程，包括整个城市的基建，如兴建楼宇、大桥、机场等，都是香港城市发展中不可缺少的重要一环。陈健民任职的石矿场，最大的贡献，便是生产石料。在建筑行业中，石料是不可或缺的材料，兴建建筑物必须使用水泥，而水泥中大部分的成分便是石料。

受访者：陈健民（以下简称为"陈"）
采访者：戴颖琳（以下简称为"戴"）

戴：陈先生，你好！很高兴能够采访你。其实在访问你之前，我不知道香港原来仍有石矿场的，也不太了解土木工程的工作。

陈：说到土木工程，其实跟我们是息息相关的。现在不同的项目，例如南港岛线、沙中线、港珠澳大桥、连接屯门及大屿山的大桥等基建工程，都与土木工程有关。我作为业内人士，很清楚现时香港大部分的工程，都能在建设和保育之间取得平衡，也有非政府机构就保育方面的问题密切监督。这是我认为香港在土木工程上做得较好的地方。

戴：嗯，你似乎很喜欢自己的行业。现在香港回归20年了，可以谈一下你当年和现在的感受吗？

陈：回归当年，我只是学生一名，投身社会的日子不长，在学习和工作上，没有太多接触这个议题，所以感受不深。不过，就我个人认为，香港回归是必然的事实，不是任何人可以改变的，香港人必须接受回归这不争的事实。我自己觉得，回归前后几年，社会气氛差别不大。只是近年来，才开始出现一些社会纷争。少数香港人会觉得，中央政府近年正加强对香港的控制，令他们觉得不适应。也有人认为，内地在20世纪依靠香港联系国际，但近年内地其他城市发展迅速，香港的地位下降，他们心里不舒服，自然导致一些矛盾。

戴：你觉得香港回归至今有什么值得欣赏的地方？

陈：我自己觉得最值得欣赏的，是香港有完善的司法制度保障市民的言论，我认为非常难得。香港作为成熟的社会，能让社会不同的声音得以平衡，既有支持的声音，也有反对的声音，达到监察社会之效，同时给予市民合法表达诉求的途径，令社会和谐稳定。

除此之外，我也认为香港在环保方面的工作做得不错，香港有全面的环保法例。就我的经验而言，如地盘的工作时间一般为早上7时到晚上七时，若要在其他时间或公众假期工作，便要向环保署申请建筑噪声许可证。而许可证的签发也不容易，必须考虑其合理性及对附近居民的影响。又如石矿场设有空气监测站，监测工作环境是否对空气造成污染。至于污水亦不能随意排出，一旦胡乱排放废水，便会收到环保署的警告信，有可能罚款甚至入狱。

戴：除了值得欣赏的地方，可以请你谈一下需要改进的地方吗？

陈：我自己觉得，香港在民生方面仍有需要改进的地方。我当年初入社会，日常生活支出、租金所占薪资的比例不多。反观现今，物价高涨，但市民的平均薪资并没有跟随物价相应增加，衣食住行已占去薪资大部分，使年轻人深感压力。

而在废物回收方面，特区政府可加大力度提倡回收。回收行业的发展，需要特区政府的帮助，使回收商有利可图，才能令更多公司加入投资，发展起来。考虑到成本及收益，建议可考虑从金属、废纸回收方面入手。

而香港现时的发展也滞后了，在金融、物流运输等主要行业中，已渐被内地邻近城市追上，优势减少，成本及市场不及其他城市。香港应向多方面发展，如高科技产业，才能保持优势。

Ali Furhad：我爱香港，机遇无限

Ali Furhad（右）

Ali Furhad，中文名李力奇，1975年在香港出生，父亲是巴基斯坦人，母亲是香港人。1976年，全家返回巴基斯坦生活。1992年回流香港，从低层做起，当过清洁工人、跟车工人及地盘工人，目前在一家大型建筑公司任职质量及物流经理。

受访者：Ali Furhad，李力奇（以下简称为"李"）
采访者：卓隆（以下简称为"卓"）

卓：力奇，正所谓"万事起头难"，你1992年回流香港，重新在香港生活，当年觉得困难吗？

李：我17岁回流香港，当时的生活真是非常困难，不谙广东话无法与人沟通，住处也非常简陋。我住过木屋、天台屋（顶楼加盖屋）等。1993年，我住在新界洪水桥的木屋，一场大雨冲走了当区的木屋，惊心动魄，印象深刻。

我在香港的第一份工作，是在屯门工厂区当清洁工人，工作日薪只得50元，我就是这样维持了三四个月。

当时生活艰难，不知前路该怎么走，我只能咬紧牙关坚持下去，寄望"明年会更好"。

卓：生活如此艰难，你怎样克服？

李：我刚来香港时，一点也不懂广东话，但我想尽种种方法，包括用手语或英语尽量与人沟通。旧日的香港，市民英语程度普遍不高，若遇上我这类英语不好又不懂广东话的少数族裔人士，他们会流露不友善的眼神，不想与我们接触。

后来，工作期间，大部分工友是本地人，我跟他们讲得多、听得多，又回家请教母亲，就慢慢学会讲广东话。许多人会觉得广东话很难，但有心学就一定能学懂，我现在还是在学习的阶段，终身学习。

同时，我下定决心奋力自我增值，选定建筑业为发展方向，多与行内人沟通，获得更多行业信息。

卓：你在香港生活了20多年，个人有什么体会？

李：今天的香港，发展机会较以前多，我虽然是一名少数族裔人士，但仍有充足的发展空间。

1998年，我通过招聘广告，到现职的建筑公司担任司机。公司内，大部分是香港本地人和内地移民，唯领导不理种族、身份，保证能者居之，又鼓励我进修，考取建筑业内不同机械的操作牌照。

时至今天，我在这家建筑公司工作达19年，逐步晋升，拿过优秀表现员工奖，现在是一名质量及物流经理（Quality and Logistic Manager）。我非常感恩自己有一个开明的上司。

我认为人与人相处，必须打开自己的心窗，方能获得别人的信任，建立和谐的关系。

卓：香港回归祖国20年间，你认为香港在推动种族共融方面，是不是取得很大的进步？

李：这方面绝对是。港英时期，香港存在很大的种族歧视问题。香港回归后，特区政府推出了许多帮助及关心少数族群的政策，例如在医疗方面，公立医院会向有需要的少数族裔人士提供翻译服务，让他们得到最好的治疗。我对香港的亲切感与日俱增，所以选择在香港落地生根，组建家庭，为香港做出贡献。

陈智敏：放下成见，自强不息

陈智敏，现为土木工程师，同时也是一位创业者。陈智敏在中五毕业后，修读职业训练局有关工程的课程，因而投身工程界。在工作过程中，考取了不同大学的建筑、法律学位。他除了是工程师，也是一位调解员和审裁员。近年他开创了属于自己的公司，此前曾在各大型的工程承建商工作。现在他所开设的公司，规模已发展至超过20人，业务主要来自特区政府工程项目。

受访者：陈智敏（以下简称为"陈"）
采访者：邱威纳（以下简称为"邱"）

邱：陈先生，我知道你是一位土木工程师。能介绍一下回归以来这个行业的变化吗？

陈：其实在我当初毕业时，香港特区政府正提倡"服务型经济"。当时我不甚理解，但看到很多行业诸如纺织业的厂房纷纷搬上内地发展。我便想，工程行业永远在香港"搬不走"，相信发展会较平稳，也因此选择在工程界发展。

但回归后前10年，工程行业的起落其实很大，香港特区政府没有持续扶持工程业界的政策。例如在董建华先生担任特首期间，因为经历金融海啸和"沙士"，特区政府在财政预算案中削减了对工程界的援助。身边很多工程业界的朋友，纷纷转行去当公务员、纪律部队或投身金融界，这是我当初未有预见的。近年来，特区政府已留意到工程行业与其他行业环环相扣，能够带动其他行业的发展。但是，很多有利于工程业的议案，因立法会"拉布"①受阻，令特区政府对工程业的拨款受到相当大的影响，这样易使业界"一时饱死一时饿死"。很多年轻人眼见工程业前景欠佳，遂不愿投身工程界工作。业界没有"新血液"加入，也影响或阻碍整个业界的发展。

邱：说到"拉布"，你对香港现时的社会有什么看法？

陈：以往对特区政府不满的，主要集中于低收入一群。他们感到生计受阻，生活素质差，认为特区政府对他们未有足够的援助。但现今社会，不满已延伸至一些中产家庭。一方面，我认为问题在于社会上的期望未能得到适当的疏导所致；另一方面，香港虽达到全民就业，但年轻人想要的，是一份有前景的事业，而非单纯一个工作机会。内地很多省市在"创新""创业"政策上，真正能扶持年轻人，给予他们长远的事业发展愿景，达至理想的效果。我认为香港特区政府应学习和仿效。

---

① "拉布"：冗长辩论，源于filibuster，是议会中议员利用议事规则漏洞做冗长演讲为主，并用各种方法辅助，以达到拖延会议进程的一种议事策略。

邱：回归以来，香港最值得你欣赏的地方是什么？

陈：我最欣赏香港的，是香港独有的"一国两制"。我认为回归后，大家都要尊重的是，在"一国两制"的框架下，香港是中国领土的一部分；在"两制"的发展下，由香港人按照《基本法》的框架管治本港事务，如保留了我们的选举制度、立法会、法治和生活方式等。当然，我们在享受此制度的同时，也要接受部分国家政策未能惠及香港，例如回内地需要办回乡证等不便。

邱：你认为香港人有什么特征值得欣赏？

陈：香港人值得欣赏的地方是适应力强和多变。我的父亲是一位小商人，当时很多人包括我父亲大多学历不高，从内地来港落地生根。他们因应当时的社会情况寻找商机，把握机遇，使香港在过去数十年创造了不少经济奇迹。现今香港的制度日益成熟，规范相对增加了，例如用车去做运输，已经需要相关的牌照。然而，我相信，香港人多变和适应力强的个性，能够克服以上种种的困难。

邱：香港回归已经20周年了，你可以勉励一下香港的年轻人吗？

陈：我希望香港的年轻人能够"自强不息"。这四个字是我的座右铭，也是梁启超先生用以勉励清华大学师生的话。社会上有很多挑战和纷争，大家应该放下成见，把精力集中于自己的家庭事业，努力建设香港，以正面的态度好好打拼。

黄鹏：要从『香港人』转变为『中国的香港人』

黄鹏，现任东捷运通国际物流控股（香港）有限公司董事局主席。11岁从福建移民至香港，并在香港完成小学、中学和工业学院课程。踏入社会后，他投身航空运输行业，距今已有18年的时间。曾于2006年北上创业，在深圳罗湖开办航空公司，进而在深圳宝安、广州、东莞、惠州、中山、厦门、上海等地设立营业点。他加入香港青年联会，并出任菁英会理事、香港跨境电子商务协会名誉会长、"一带一路"发展联会副主席，冀望能为社会投入更多。参加香港福建社团联会青年委员会、中华总商会青年委员会、香港青年联会、菁英会、香港物流商会、香港跨境电子商务协会、腾龙青年商会等各大青年组织所筹办的论坛、活动，积极贡献社会，并在《大公报》《商报》《星岛日报》上撰稿提出个人建议。

受访者：黄鹏（以下简称为"黄"）
采访者：卓美禧（以下简称为"卓"）

卓：黄先生，你好！我知道你自2014年开始，便积极参与各类社会活动。是什么驱使你这样投入社会服务呢？

黄：我觉得参与社会服务是一种使命。现时我在内地的生意，算是小有成就，所以想到自己还是有一份使命去回馈香港。我主要参与的活动，以青年工作和发展为主。我参与了更多不同层面的事务，理解香港的社会环境。我希望能接触更多青年，让他们知道和了解内地的发展机遇，从而在机遇中开拓商机。

卓：你有很多不同事务的经验，你怎样看回归以来香港的表现？

黄：我认为回归20年以来，香港整体的发展还是不错的。首先，香港的就业市场基本上做到"人人有工开，有饭食"的局面。香港的总体经济，也都保持正面的增长，这可从各类公开数据中看到。

其次，从香港的财政储备看，香港经济局面仍然属于稳健向上。香港在资本市场（包括金融市场）的排名也一直名列世界前茅。总括而言，香港仍是全球经贸最自由的区域，这些都值得香港人骄傲。香港的优势当然不止这几项，我只是简单概括以上事实存在的优势。

卓：你觉得香港有什么需要改善的地方？

黄：我认为香港需要改善与深圳的融合度。香港应加深与深圳的融合，例如在前海地区、河套地区创新园、粤港湾区、高铁接驳等方面加强合作。目前香港的进度较慢和落后，应加强抓紧进度。另外，香港的年轻人在学习西方文化和制度的同时，亦应学习更多汉学、孔子的思想教育、历史等，从而了解更多中国文化与制度。现在连西方国家都积极了解中国，美国总统的外孙都懂得唱中文歌、朗诵唐诗宋词了。只有学习与了解中国文化与制度，才能够充分理解"一国两制"，因为"一国两制"正是中西文化与制度融合的体现。此外，香港一直以来都是以经济来厘定自己的地位和铸写自己的名字，香港的发展，必定以经济为先，一切应以服务经济为核心，其他的都不是最主要的。这亦是全球发展的趋势。

卓：你又怎样看香港未来的发展？

黄：香港未来的发展会更好，因为香港已经历了太多事情，这些都会成为香港人的现实教材，从而知道香港真正所追求的是什么。我个人建议，香港应以经济发展为本，好好应对全球化2.0，并且在未来的发展中，寻求更好的定位。当经济发展向好，才能惠及民生，使全民得益。同时，香港特区政府才能有足够的财力，推出惠及民生的措施，包括解决近年的房屋问题。

卓：嗯，香港应花更多的精力在经济民生的发展上。你能否在此给予年轻人一些勉励或建议？

黄：我建议年轻人应趁年轻好好发展自己的事业，学习更多技能，为未来打下坚实的基础。如果只是将时间浪费在不必要的地方，即使将来能得到一个很好的发展机遇，因为基础不足，最终还是无法抓紧机遇的，这个机遇便不会属于你。同时，年轻人也可多到内地旅游。现时很多年轻人，每逢假期都总爱到日本、韩国等地区游玩。然而，祖国的大江南北，景色秀丽，生机勃勃，多回内地能够感受改革开放多年以来的成果，这对开阔自己的眼界及思维均有帮助。最后，我也希望年轻人在人生的道路上，透过自己的努力，过上自己想要的生活，并且在自己有能力的同时，多做一些利己利人的慈善公益。

卓：谢谢你对年轻人的建议，我也受益匪浅！刚才说到回内地旅游，其实现时有一些青年抗拒内地和香港融合。你怎样看内地与香港融合这个议题呢？

黄：内地与香港融合，我一直理解为母子之间的沟通、交流与理解。内地与香港是一个家庭。现时最大的问题，是香港这个小家庭，如何融入中国这个大家庭。香港人其实祖祖辈辈都是中国人，香港也是中国的香港。香港在经历了这么多的事件后，香港人亦会知道，自己真正想要的是安定繁荣，动荡对于香港整个社会而言都不会是好事。

卓：嗯，我也认同安定繁荣才是最重要的。不如我们也谈一下你自身的事吧。你认为物流行业的发展如何？

黄：物流界是香港的支柱产业之一。我自己觉得，这个行业有需要获得特区政府政策措施的支持，否则便很容易落后于周边的区域发展。就以2016年为例，业界成功争取到香港机场第三条跑道的开建，这对于香港的航空运输业来说是尤其重要的。香港航空运输业，依赖着香港机场的航班密度和航线广度，才能在多年来一直雄踞全球最大航空运输枢纽的地位。跑道上的局限，很有可能令香港难以发展，被周边的地区如广州、深圳等地的机场超越。物流业的硬件配套很重要，也因此业界非常需要政策措施的支持及协调。

而我相信，香港的物流界，未来是挑战与发展并存的。挑战主要在于人力成本、土地资源等方面的因素。在香港经营物流业，压力很大，因为百物腾贵，一切的成本都在上涨，就是运费不升反跌，而且是不停地下跌，所得的利润逐步萎缩，但成本却越来越高。此现象令物流界面临不断洗牌。我建议物流界的企业可加强在互联网及系统的投入，从而减轻对人力的依赖性。而香港的物流界，未来更要在以往的海、陆、空运等传统业务的基础上，加入电商、新零售（如网购）、物流系统研发、物流企业管理咨询等不同的新元素，从而增加自身的竞争力。智能化和共享化是将来物流界发展的一个趋势。

卓：你对物流界的认识很深。我知道你在出来工作一段时间后，便自行创业。能分享一下你的创业感受吗？

黄：我自己是由低层做起的，从物流界的一名仓库文员开始，尝试过各个物流系统内的不同岗位，例如深耕市场、业务操作等。在取得一定经验后，我认为自己可以独当一面，便到深圳创业。当时到深圳创业成本较低，在创业的历程中，我尝过酸甜苦辣。一路走来，18年的时光，说长不长，说短不短，但亦确实实现了人生的价值，也明白了安稳的日子得来不易。所以在我生活得到一定的满足后，便立志要服务社会。我记得在2016年11月到四川与云南交界处的彝良县，进行送暖关爱活动。在这件事上，我有非常大的感触。

这次活动是由华人华侨总会青年委员会与苗圃行动合办，一同将1 500件棉衣送到彝良县海子乡的三间学校。云南省的彝良县，距离成都5小时的车程，而这段路算是较为轻松平坦的路。后来从彝良县到海子乡短短30公里的路程，我们竟开了3.5小时的汽车，中途更遭遇塌方修路，部分路基非常窄，只有一张饭桌的宽度。人虽坐在车上，但仍觉惊险万分，十分害怕车子会跌到山谷之中。那次参与活动的心情难以说是轻松的。而因为修路的原因，车也到不了学校门口，需要走路、爬山，花费40多分钟的时间。那一次的见闻，令我真正感受到山区学童们求学的艰辛。而在与当地老师们倾谈后，才得知他们要回一趟家乡亦是十分困难的，甚至两至三个月才能够回去一次。

当时我也进行家访，看到学童家中的情况，才真正体会到什么是家徒四壁。学童家中真的是一点值钱的东西也没有，煮饭也是靠柴火，异常清贫。我们把棉衣派发到学童的手上，令我感受到一种说不出的喜悦和幸福。更为巧合的是，在不久之后，云南彝良县便下起雪来！知道孩子们能穿上我们准备的棉衣，在温暖中度过冬日，我是真切感受到何谓人间有爱。也就是这次活动，我觉得自己可以为这个世界做得更多，为这个世界增添更多的温暖。今年我亦会再次参与这个活动，希望可以再次亲手将祝福带给有需要的人。

卓：这真的是非常有意义！我也觉得非常感动。香港回归至今已经20年了。我想知道，当年你对回归有什么看法？现在又有什么感受？

黄：我最初对香港回归的看法是：回归是一个必然的程序。因为租借给英国的期限已届满，香港亦理应回归祖国。到了现在，经历20年的历程，我更意识到自己是中国人，"中国香港人"的概念已很深刻。我认为，不论从经济、文化、历史来说，内地和香港都已经是密不可分的，香港亦越来越需要内地的支持和帮助。故此，我认为香港人的思维，亦需要从"香港人"转变为"中国的香港人"，这是必然的趋势。现在连西方强国诸如美国，也与中国的关系越来越紧密。

香港是因为经济兴旺，才成为重要的国际金融城市。一直以来都是以经济先行，我深信，从前的香港是，现在的是，将来的亦会如是，这是不会改变的。所以我希望，所有香港人把目光聚集于香港的经济发展上，思考如何转变、提升及迎接全球化2.0，如何在主要竞争对手中领先，只有把经济问题解决好，香港才会变得更好。如果香港把焦点错放于其他方面，就难以在经济发展上有所作为，因为时间和资源总是有限的。这是我的看法。

于承忠：香港需要更多配套政策发展物流业

于承忠，主修物流及供应链专业，于物流行业工作超过10年，见证香港在物流业的转变，一直关心业界发展。

受访者：于承忠（以下简称为"于"）
采访者：王颖怡（以下简称为"王"）

王：于先生，你好，可以谈一下你现时的行业状况吗？

于：物流业是香港的四大行业之一，整个行业的人力资源超过10万人。不论是空运还是海运方面，香港一直以来的表现都十分出色。可是，特区政府却表现出"积极不干预"的态度，未有大力支持物流业。现时，香港物流业的优势，已逐渐被周边地区取代，例如深圳前海。虽然特区政府经常说会支持业界发展，支持发展航运中心等，但实际上的政策和资金支持，仍有待改善。

此外，土地问题是香港市民每日谈论的话题，也是我们物流业界长期面对的问题，例如船务业需要在货运码头附近设置仓库，但码头附近的仓库用地长期不足。现在的情况是，码头附近已全被放置货柜，船务公司只能将仓库设置在离码头较远的地方，例如洪水桥。仓库远离码头，也就意味着营运成本上升。因此，我希望特区政府可以在人才培训、土地资源、贸易等政策上能配合业界发展，并引进跨境电商公司，让业界有更大的运作空间。

王：回归至今，你认为香港在物流业方面有什么值得赞赏的地方？

于：香港一直以来是免税港，过关很快，货物经香港到内地需时不长。香港有24小时的关口，融资方面也做得很好，例如保险、国际贸易等，在香港从商是非常有利的。其实香港的优势有很多，特区政府应根据香港的优势，设立特别委员会，与业界人士商讨需要协助的地方，发挥香港得天独厚的条件，加强业界与特区政府的互动和合作，建立更紧密的联系。

王：香港回归已经20年了，你对香港物流业的发展有什么期望？

于：我希望香港特区政府可以大力支持物流行业。现今物流业有很多前线工作人员，他们的学历不高，提供培训和支持是很重要的，但现今特区政府落地①的政策还有不足。即使香港有很多人力,能应付大量的劳动工作,但这只是最前线的一部分。其他新思维的物流工作,是需要有人才政策的配套。我希望未来香港物流的发展会更进一步,电子商贸在香港日渐成熟,为香港带来更大的进步。

---

① 落地:即落实。

曾荣辉：中华儿女，血浓于水

  曾荣辉，工程管理硕士毕业，从事地产相关行业超过10年，工作范畴包括物业买卖租赁、旧楼收购重建及物业管理等。积极参与社会事务，公职繁多，现为香港物业管理及代理协会副主席、大中华物业管理学会增选委员、愿景基金会理事、香港服务同盟青委会委员、曾子文化协会创会主席、旅港曾氏宗亲会财务副主任、泰缘妙佛堂慈善团体名誉会长、音乐堂慈善基金会名誉会长及小蜜蜂义工团荣誉顾问。

受访者：曾荣辉（以下简称为"曾"）
采访者：冯美宝（以下简称为"冯"）

冯：曾先生，很高兴能采访你！香港回归20年了，你现时最关注的是什么议题？

曾：说到最关注的议题，因为我是从事物业管理的，所以很自然就会关注房屋土地的范畴。而且，我也觉得，现今社会所关注的年轻人置业问题，其实也同样发生在我的身上。房屋土地所涉及的范围非常广泛，每一环节牵一发而动全身。处理该范畴的当权者，必须要有宏观视野，并细心关注每一个环节。房屋政策是社会上被广泛讨论的议题之一，该范畴可衍生的专业和政策非常广泛，除测量、建筑、物业代理和物业管理等专业外，其实亦牵涉到楼宇买卖及相关的税项和建筑物法制条例。

冯：似乎房屋土地问题是一个很复杂的课题。那你又如何看自己的行业？

曾：近年特区政府成立"物业管理监管局"及订立发牌制度，也配合资历架构计划，为各级从业人员制定能力标准说明，明确资历的厘定及客观标准。这些都直接对年轻人考虑选择投身的行业有直接影响。我认为发展业内人才是需要的。

我也非常关注旧区重建工作。回归至今，特区政府致力发展新市镇和成立"市区重建局"，加快旧区重建工作，并促进复修楼龄较高的楼宇、修缮并保育具有历史或建筑价值的楼宇等，成功改善环境和促进经济繁荣。在旧区重建方面，本人印象最深的是"荃湾七街重建项目"，这是将七条街道合并的发展项目。该区在20世纪90年代以前，旧式唐楼众多，环境复杂之余，物业设施亦残旧。当年母亲很喜欢带我到该区买菜，而现在的优美环境与以往残破和不安全的情况形成了鲜明对比。该区现在有很完善的发展，并成为新的荃湾市中心。另外，特区政府积极打击全港违规的僭建物①，上述区域违规的建筑物已近乎绝迹，市民游走闹市时，亦不用担

---

① 僭建物：违章建筑。

心俨建物对行人的生命安全构成威胁。

其实物业管理行业现在也正进行专业化的升级，成立"物业管理监管局"，足以显示市民有相对要求，行业水准也有相应的提升。坊间对物业管理的理解，可能只有管理保安的印象，但在清洁、园艺、工程、会所、法律及客户服务等方面，其实也是要达到一定的水平。我期望特区政府能投放更多资源，为业界培训更多人才以提升服务水平。

冯：我们也谈一谈年轻人的置业问题吧。你怎样看这个议题？

曾：现在年轻人置业问题备受社会热烈关注，主要原因是楼价已超出一般在职人士可负担的水平。住屋负担沉重，生活空间狭小，给香港整体人口发展带来一连串不利影响。我建议特区政府加大公营房屋或"居者有其屋"的供应数量，加快兴建速度，使市民能安居乐业，让社会焦点重新返回到经济及文化等方面的发展。

冯：对，置业问题是需要解决的，这对青年的发展有一定的限制。相对地，你又怎样看香港青年日后的发展？

曾：上一代香港人奠定了大部分香港的基础和世界地位。在资源有限的环境下，我们更应该运用我们的知识、经验、智慧和国际视野，积极争取在世界市场占一席位。适逢国家提出"一带一路"倡议及开展"粤港澳大湾区"计划，我们应该把握这个时代巨轮千载难逢的机遇，尽快找到合适自己的定位，继而奋斗，期望我们香港的新一代能够闯出更富有活力和正能量的新香港，让我们的子孙为之骄傲。

现在有不少青年对内地有抗拒。我认为，内地与香港虽然因历史关系，文化、经济、社会环境和法制等均在不同的轨迹运转，但作为中华儿女，血浓于水的轴心感情是不变的。我们农历新年仍会回乡探亲，清明节时仍会回乡慎终追远。港澳回归祖国，有如在外地留学多年的儿女返回属于自己的地方。可能在生活习惯上会有所不同，但只要互相礼让，尝试耐心理解，关系会变得更好的。

冯：对，我们都是中华儿女！也谈一下你的工作，有没有什么可以跟青年人分享一下？

曾：我自己是一个思想较正面进取的人。我在工作生涯中，时有听到同事遇到事业的"樽颈位"①，奈何已在该行业工作多年，难以转行，结果坐困愁城。我曾在不同行业工作，其实只要达到一定的思维和处事能力，就算在任何行业重新开始也可渐入佳境。就以我自己为例，本身不太认识物业管理，是机缘巧合才调任到物业管理部门的。那时真的是在零经验下由低层做起，非常艰苦，但在工作过程中我极速成长，反而丰富了很多业内知识。其后我转职到现时的公司，坚持以正面态度工作，争取学习机会，花了很多工夫全身投入这个行业。我认为正向的处事思维很重要，如何看待升迁变化，结果也不同。我现时很用心教导自己的同事虚心和耐心学习的重要性，时间会证明各自应有的位置。

冯：是啊，人要不断学习，才能进步。我也感受到曾先生你的正向思维。最后想问一下你，你对回归当年和现今有什么感觉？

曾：回归当年我刚升读中一，很庆幸能够体会回归祖国的情怀。这个

参与"曾子文化协会"宴会

---

① 樽颈位：瓶颈。

时刻，是只有我们这代人才能经历到，感到非常震撼。现在我不断接触祖国历史及文化，为与内地更紧密的沟通交流做准备。我也会多说普通话，亦分别申请了内地的电话号码、车牌及银行账户等，积极让自己在更多方面融入祖国。

时至今日已廿年的光景，当中香港经历种种事情，有喜有悲，有进步的，亦有些事情因纷争而停滞了。不过，总体来说，我还是感恩的，感恩这些年来香港因祖国而得到的更多机会。凡事有正反两面，内地与香港是坚实的一家人，无论多少诉求和纷争，希望社会能够以理性讨论来解决。我亦会贯彻自己正面和进取的思维，希望尽自己小小的能力，为香港、祖国以及世界做出小小的正面贡献。

Maryam Hussain：不轻言放弃

　　Maryam Hussain（珊珊），香港土生土长混血儿，父亲是巴基斯坦人，母亲则是香港本地人，家族三代扎根香港。从幼儿园到中学，均就读香港本地学校，说得一口流利的广东话。中七毕业后，立即投身酒店服务业，并修读前台管理（Front Office Management）课程。目前，在香港高尔夫球及网球学院（HKGTA）住宿部担任前台经理。

受访者：Maryam Hussain（以下简称为"珊珊"）
采访者：卓隆（以下简称为"卓"）

卓：珊珊，你好！你在香港长大读书，有没有因外表而被人歧视？你觉得香港近年歧视少数族裔人士的情况有没有改善？

珊珊：小学时，有一次在零食店选购零食，店内亦有一对母女站在我附近挑选零食。突然，小女孩的母亲拉开其女儿，又叮嘱女儿不要走近我，认为我们这类人士身上带有怪味。我百思不得其解，我的母亲只有无奈的表情。这件事给我留下了深刻的印象。

不过，和我一起成长的同学和朋友不会歧视我，彼此之间也没隔膜。我认为，随着时代的进步，香港不同族裔和文化的人口日益多元化，对少数族裔的关注和认识增多，歧视的情况大大改善。有时部分人不是故意歧视少数族裔人士，只是觉得自己英语能力不佳，怕用英语沟通，才避免与少数族裔人士接触。

当然，少数族裔要融入香港社会，必须入乡随俗。否则，必然失去与港人接触的机会，形成沟通的隔膜。我们应向前迈一步，才能打破隔膜。

卓：你的广东话说得很好，这是不是你工作上的优势？工作多年，有没有遇上难忘的事？

珊珊：许多人会觉得少数族裔人士英语水平高，但在读书时，我的中文科成绩比英文科好。现在，我能说5种语言，包括广东话、英文、普通话、乌尔都语及印地语，这令我在酒店工作上有语言优势，可应对各地客人。

初入职场时，我不如同事般有工作经验，经常出错被经理劝退，更有同事打赌我只能留职两个月。我深感不忿，下定决心要在那家酒店工作满2年，于是开始将勤补拙，鞭策自己背熟工作程序、学习别人的优点等。最终，我离职时已晋升至销售主任，在该酒店前后工作了两年半。

卓：按你的描述，你是不是一个做事不会轻言放弃的人？

珊珊：我觉得做人做事若要成功，应主动想办法解决难题，前路掌握在自己手中。每个人的潜能都是一个未知数，若被人看扁，应想办法力争上游，有很多事情"是不为也，非不能也"。

卓：今年是香港回归祖国20周年，你觉得香港社会的变化是怎样的？你是不是已经将香港当作自己的家？

珊珊：香港回归后，经历了许多事情，有好有坏，但我感觉到社会开始有一些怨气，某些人逐渐忘记昔日的人情味。其实，大家想社会变好，应先从个人做起，每个人多传递正能量，帮助身边有需要的人，推己及人，社会环境肯定会愈来愈好。我的家，一定是香港。

孙绍豪：认清世界在变，港人背靠祖国才有出路

　　孙绍豪，土生土长的香港人，澳大利亚维多利亚大学硕士毕业，从事传媒工作多年，见证香港回归祖国，祖国亦越来越强大，深信世界重心已转移，香港人必须背靠祖国，才有出路。

受访者：孙绍豪（以下简称为"孙"）
采访者：王言（以下简称为"王"）

王：绍豪，你好！多谢接受采访。你认为回归前后香港的差别大吗？

孙：回归时我仍是学生，那时主要是读书，没有太注意时事，只记得回归后不久爆发亚洲金融危机，香港出现很多负资产，打开电视新闻报道每天都有不少苦主上街，但很快又恢复正常，香港人仍是每天忙忙碌碌去赚钱。

自工作后，我多留意身边发生的事，觉得最大的不同是多了内地同胞来香港，尤其是"沙士"时期后。那时香港一片死寂，最记得的是疫症重灾区牛头角淘大花园楼价一度跌穿60万元，但今时今日已回升逾8倍。当时幸好祖国伸出援手，推出很多优惠措施帮助香港渡过难关，包括开放自由行，更是直接使香港人受惠。

至于现时香港则陷于政治争拗，一吵就什么也做不成。一些香港人有"大香港"心态，大大影响了香港的发展，更拖慢了香港搭上祖国高速发展的便车。香港不论是科技、经济、影响力都早被内地其他城市超越，作为香港人实在感到痛心。

王：香港人见到祖国越来越强大，为何仍抗拒内地？

孙：早于1980年，香港GDP约为内地的七分之一。随着全国经济高速发展，到2015年时，香港占全国GDP的比例已不足3%。香港于20世纪80年代开始，一直为内地引资，但现在内地经济发展良好，资本已渐渐走出国门。

以前内地较落后，香港与内地接触，高层次是香港人或香港机构出钱出人才，帮内地发展；较低层次是人民的接触，主要是港人到内地旅游，每次港人旅行团到内地，都是享有什么优先，什么特别通道，当然香港人亦会在内地多消费，港人过去长期习惯了这种情况，但随着内地经济腾飞，情况已慢慢倒转过来。不少港人觉得难以接受，可以说是港人未能调整心态去适应现实环境所致。

近年很多内地客来香港消费，最初期是大批的高端客，来港买奢侈品，带旺了香港的高消费产品市场，但随着内地经济越来越好，这些高端客可以更自由地直接去欧美买产品，于是内地高端客消失了，取而代之的是一群消费力较弱的普通市民，他们来港主要买日用品，亦带旺了药房及零售店生意，但在一般港人眼里，便会成为抢奶粉、抢日用品的竞争对手，于是反水客事件发生。其实普通消费力的内地市民来港消费，也是推动香港经济，是帮香港。发生这些事令人十分痛心。

孙绍豪先生热心公益（后排右二）

王：那香港要如何才能与内地融合，齐齐双赢？

孙：首先，香港人要收起"大香港"心态，大家平等相处。须知道其实在香港过去10多年争拗声中，内地默默苦干，发展迅速，早已在各方面超越香港。

其次，香港人亦要承认自己是中国人这个事实，只有定好自己的位置，才能挺起胸膛做人。目前，内地经济发展仍在上升轨道中，香港如能搭上这个便车，便能多制造工作机会，造福更多的人。否则，如坚持对立面，故步自封，不单是原路踏步，更会倒退。

吴志隆：
与其怨天怨地，不如开天辟地

　　吴志隆，来自福建，资深的媒体工作者。吴志隆从传统报纸、通讯社、电视台到融媒体一路走来，体会着行业的起起落落，并跟随着香港社会的步伐前进。吴志隆在1989年来港与家人团聚，见证香港回归祖国和20年来社会的变迁。

　　吴志隆在工余时间积极参与爱国爱港社团活动，也是多个智库的召集人及成员。吴志隆曾在2015年参选太古城区议员，惜未能当选。矢志用自己的力量，践行"一国两制"，为"一国两制"发声。

受访者：吴志隆（以下简称为"吴"）
采访者：杨晓航（以下简称为"杨"）

杨：志隆，你好！很高兴采访你。我知道你是1989年才从内地移民来港，可以给我们介绍一下你刚来时是如何融入香港的吗？

吴：香港是个很可爱的地方。这里高度城市化，大多数的人善良有礼貌，这是我对香港的第一印象。我来港时，完全不懂英语、广东话及繁体字。来香港三个月后，便插班入读小学四年级。我和第一个朋友是以"手语"交流的，老师也愿意在课余时间用不太流利的普通话解说授课内容，帮助我温习。虽然当时香港社会对当年内地落后的情况仍有一些社会情绪，但身边的人并没有将负面情绪发泄在我身上。

在融入香港生活方面没有太大问题，我看TVB的《欢乐今宵》及成龙的电影，还听周慧敏与Beyond的歌，让我很快乐地学会广东话。我和当年的老师与30多个同学至今仍维持着很好的关系。我们是共同成长的伙伴，不因为我不在香港出生有所区别，香港就是个包容性很强的城市。当然，我是想要融入这里的，或应该说是已经融入了，快乐地成为香港人。

杨：你现在的工作主要是做什么？

吴：我一直在从事媒体工作，目前是一家新闻网站的编辑，负责组稿、分配采访等工作。传媒工作是一份不赚钱的工作，也是一份易学难精的工作，满足感也许是最大的动力，我尽可能站在独立的第三者的角度观察世界。我曾走过他国的地震灾区，访问过世界知名的政人商贾，才越来越发现香港这片土地的可爱与可贵，因为这里有世间罕有的"一国两制"。

杨：我知道你工余时候，也会参与一些社团活动和智库活动。我也非常感兴趣，为何你会参与区议会选举？

吴：我参加了多个闽籍青年团体，最初是希望通过参与这些团体，让自己在融入香港的同时，也不致与故乡疏远。我希望在同乡会中，寻找一些故乡的感觉。后来发现这里有不少志同道合、堪为师长的兄弟姊妹们，大家共同组织活动，共同解决问题，在过程中建立起友谊。

参加智库则是近年的事情。我很享受跟别人分享自己的观点，也期望能在与别人交流中学习。智库的朋友各有所长,听他们的观点,就有如在吃"思想补品",快速吸收知识营养。

说到参选区议员,则是很偶然和曲折的故事。我一向都不涉足政治,也不喜争强好胜,没有想过自己去参选。但我在2014年置业时,巧合来到太古城这个社区,发现区内有很多需要改善的地方。我向管理处和当区区议员求助,但他们却置之不理。所以我便想,不如我自己当区议员。在零经验、零支持的情况下,我加入了这场选战,及后得到同乡会的兄弟姊妹的义务帮助。我们全部都是政治新丁,最终虽然败选,但收获良多,人也得以成长。

杨:其实我不时在媒体上看到你的文章,现在可以访问到你,也想问一下你对时政有何看法?

吴:香港是一本很难读懂的"书",三言两语很难解释清楚。香港依靠祖国内地庞大的经济市场,拥有"一国两制"的特殊优势和优秀的城市建设,地理位置优越,也有高效的特区政府。就是因为香港拥有这些得天

参与区议会选举时向市民派发政纲

独厚的优势，自然会引来外部竞争和外来势力干扰。这时候，香港特区政府有责任调和各方利益，使香港能应对竞争，排除外来势力的负面影响。这是我的想法。

其实，每一代年轻人都会有自己的挑战与问题。今天香港的青年也不例外，有时只是问题被放大了。今天的香港青年，所要面对的竞争是较以往大的，特别是大量内地和海外精英涌入香港。香港青年不应害怕竞争。香港是他们的"主场"，应放眼全球，学习别人的优点，并寻找适合自己的发展机会，这不一定就在香港。

杨：作为成功人士的你，能给青年一点意见吗？

吴：说是成功人士不敢当，我只是成功置业人士吧。我认为年轻人不要固执于现状，不要沉迷于固有的成功套路。时代在变，我们要有更广阔的思维，了解今天的自己，理解香港与世界发展给我们带来的机遇。与其怨天怨地，不如开天辟地！

刘瑶：
学会包容和体谅，让香港回到和谐、美好的环境

刘瑶，出生于山东省青岛市，2010年到香港读书，2011年毕业于香港城市大学，并获得一级荣誉文学硕士学位。毕业后曾于亚洲电视台、TVB和香港G报等媒体工作。现任香港大公文汇传媒集团全媒体新闻中心高级编导、《大公报》专栏作家、香港山东青年会副主席、山东海外联谊会理事。

刘瑶一直坚持追寻自己的梦想，在香港的媒体行业摸爬滚打。一路上荆棘无数，但她始终没有放弃。她想通过自己的努力增进内地与香港之间的沟通，改变部分港人心中固有的"内地"形象，希望透过自己的工作更好地融入香港，进而增进内地与香港之间的信息交流，减少隔阂，为"一国两制"搭建更好的信任空间。

刘瑶还参与创立了香港山东青年会，致力为在港山东青年及内地与香港创业青年打造交流、学习的平台，并推动内地与香港创业青年之间的交流与互动，以增强青年对国家、民族及文化的认同感。

受访者：刘瑶（以下简称为"刘"）
采访者：陈晓锋（以下简称为"陈"）

陈：刘小姐，你好！我之前访问了不少"港漂"，这次来采访你了。我很想知道，你当初为何会来港读书？最后又为何在香港从事传媒工作？

刘：其实我首次来港是在2007年，当时我还在念大学。我们一行人乘坐旅游巴士路过香港理工大学，导游便半开玩笑地说："这里的大门为你打开哦！"我笑而不语，完全不敢想象自己会进理大的校门。没想到在三年后，我拖着两大箱行李来港。不过，我要进的不是理大的门，而是香港城市大学创意媒体学院。

在最初，我要面对全英语授课环境，加上广东话的生活环境，自然有点不适应。在大学时代，我主修播音与主持艺术专业，在语言表达上名列前茅。但来到香港，英语和广东话的环境一时让我陷入困境。我知道自己要进步、要求变，便把mp4里的歌曲通通换成粤语歌，并每日严格规定自己追看TVB的电视剧及最新的美剧。我也参加各种免费的广东话培训班，并尽量多与香港本地同学合组小组讨论课业。我每天也把大部分时间留在图书馆里。我知道勤能补拙，经过一番努力后，我一定会克服语言难关。

于是，我便开展了研究生时期的"单一循环"生活：早上8点起床，9点到城大图书馆，然后做课程作业、读资料、写报告、上课，晚上10点半才离校回家。虽很辛苦，但简单而充实。结果在毕业典礼上，老师说："刘瑶，distinction①！"台下同学为我拍手并竖起大拇指。我知道，我成功了，也为自己感到骄傲！

陈：跟你用广东话沟通，便知道你确实下了相当的苦功。那为什么你又会留在香港工作？

刘：香港是一个国际大都市，这里的生活节奏快，工作节奏也快，就连扶手电梯的速度都比其他城市快。我从小到大在父母的细心呵护下长大，虽然有很好的成长环境，但也很想考验一下自己，看看自己可以走到哪里。

---

① distinction：以优异成绩毕业。

在来港的那一刻，我便下了决心，一毕业便要留在这里，我要在这里工作，在这里生活。

我在即将毕业时，为这个决定发了一段很长的短信给父亲。我说，我将来会成家立室，有自己的孩子。我希望教导我的孩子去奋斗，能吃苦耐劳，能用自己的双手养活自己。如果我现在选择回去，我就无法经历这段年轻人奋斗艰辛的过程，我如何能把这些思想教导给我的孩子呢。我这样回去，就只能算是个"啃老族"。我希望爸爸妈妈能给我一个锻炼机会，一个变成更好的自我的机会。

我爸在收到我发的那条短信后失眠了，但最终还是决定让我去闯，大不了就是失败回家。

陈：你有一位很好的父亲呢！

刘：是啊！就是不想辜负了父亲给我的这个机会，我要求自己更加努力。一直以来，我都梦想自己成为新闻人，我希望为受众传递即时信息，为媒体舆论提供更多正能量。我一毕业，便有清晰而坚定的目标，就是要成为一名记者，一名能挖掘真相的记者。作为内地留港学生，我对香港社会背景了解不深，广东话也不够流利，要想进入香港的媒体行业工作是很难的。而我的目标，其实是一家地道的港媒，更是难上加难。我在找工作上屡战屡败，于是一再求变。我大幅修改了自己的简历，特别强调自己内地与香港融合的背景，亮出我的普通话一级甲等证书。终于，我进入了亚洲电视台新闻部，成为一名普通话记者。

陈：这真的令人意想不到。之后又如何？

刘：我之后去了香港无线电视台的新闻部，并参与了2012年特首选举、立法会选举等重大新闻事件的报道。在2015年年初，我离开传统媒体，去了一家新媒体工作，就是香港G报。在这期间，我开始写自己的专栏，创立自己的访谈节目《我们都是香港人》，专访一些在港生活及工作的内地青年、新移民。他们全都是各行各业的精英，每个人的故事都不相同，节目希望透过一个个活生生的例子，增进内地与香港青年的沟通和好感，加速内地与香港文化和经济的融合。

到了现在，我任职于香港大公文汇传媒集团全媒体新闻中心，同时也是香港《大公报》的专栏作家。我每周都会将一些所见所闻所想诉诸笔头，与大家分享。我希望自己的文章能赋予读者正面思考，让他们能明辨是非，不被激进舆论所影响。近几年，香港整体环境较为躁动，一些年轻人喜欢用暴力解决问题。我认为，了解和沟通才是解决问题之本。我希望透过我的文字，启迪读者学会包容和体谅，让沉默的大多数能诉说心声，让香港社会回到和谐、美好的环境。

陈：回归至今20年了，你对香港有什么期盼？

刘：我理想中的香港，是包容、谦和，有如落落大方的大家闺秀。这颗"东方之珠"，以静静思考代替抱怨，努力求变和向前，成就自己作为国际中心的地位。

我听过不少狮子山下拼搏的故事，我认为香港就应该像那些故事里的主人翁一样，坚毅不屈，性格谦和、温婉，能独当一面，努力乐观地向前。

陈：你对香港的青年有什么寄语？

刘：最近几年，少数年轻人的表现令人瞠目结舌。我们应该认清事实，透过现象看清本质，精确剖析他们行动背后的恶意。香港是我们的家，我们应该保护她，这是我们年轻一代的责任。

"人往高处走，水往低处流。"希望我们年轻一代学会珍惜前辈的足迹，学会拼搏，学会努力，学会付出，学会珍惜，将"狮子山精神"传承下去。我会努力。

好的和坏的都会过去，但蜕变后的自己会留下来。祝我们成为更好的自己。

杨洁心：
活在当下，努力当下，享受今日，不忘人生初衷

杨洁心，20世纪70年代初出生于香港，是一名土生土长的香港人。在踏入社会前，她修读平面设计，并在90年代加入广告设计行业。后来她除了负责平面设计工作外，也参与产品开发及品质管理。如今，她亦在不断进修，于香港大学专业进修学院修读工商管理课程。

受访者：杨洁心（以下简称为"杨"）
采访者：刘安琪（以下简称为"刘"）

刘：洁心小姐，你好！你是土生土长的香港人。我想知道，你在当年香港回归时，有什么感觉？

杨：当初香港回归时有不少朋友移民，我既感无奈，而自己的经济能力也无法移民。当时的感觉，是社会有点乱，所以唯有做好自己的本分。到了现在，当年的那种无奈感已经不再。反而现在会觉得，当年能留在香港见证回归是一件好事。香港人终于有一个名正言顺的国籍，也有了自己认同的根。

刘：现在香港回归20周年了，你最关注的是什么问题？

杨：我认为有三方面。第一，年轻人的创意及前途问题急需解决。梦想不应与住房的问题相扣。现今的社会确实变得扭曲，年轻人为了买楼而放弃梦想。我自己是在屋邨长大的，家庭并不富裕，那时也有一个250尺的窝同时居住7个人的情况。不过，就算是这样，由小到大，我的梦想也不会是要追求买到楼。反而，由于我是读设计的，所以最希望的，是以后可以在设计行业上有所发展。其实无论在回归前后，就业及进修机会没有太大改变。我也非常幸运，可以从事自己钟爱的工作，也早早就成功地买楼"上车"①。现今发现，香港人除了比较重视金融和财经行业外，其他行业是较难谋生的。例如喜欢艺术、运动或其他非金融和财经的人，往往要到另一个地区工作，才能进一步追求自己的梦想。我看到一些年轻人，甚至老早已放弃自己的梦想，这实在有点可惜。第二，住房问题急需解决。我有一些朋友或后辈，在买楼方面确实是越来越困难。香港是个进步的社会，但有些人仍要居住在环境恶劣的劏房②，令我感到十分心酸。第三是儿童性骚扰的问题。香港人一直都忽视这个问题，但近年我才发现儿童性骚扰个案在

---

① 香港社会把买第一套房叫作"上车"。
② 劏房："分间楼宇单位"，又名房中房，是香港出租房的一种。业主或二房东将一个普通住宅单位分成不少于两个较细小的独立单位，然后做出售或出租之用。

香港不算少。

刘：回归至今，你觉得香港有什么值得欣赏的地方？

杨：我认为也有三方面。第一，在1997年回归前，我每次去外地公干或旅行时，需要填写国籍一栏。我心中都会有一种很奇怪的感觉。因为不知道该填什么好。我觉得，香港不是一个国家。到回归后，我感到欣喜的，是我可以名正言顺地在国籍一栏写上"中国"这两个字。这个我有很深的感受。第二，我认为回归后，香港经济比我预想中更加稳健。在香港回归初期，香港出现了一阵移民潮。原本以为在这种情况下，香港的经济会出现很大的动荡，但却没有。自从香港回归中国后，香港经济能依靠祖国这座大山，故香港的经济一直算是不错。近年香港能进行高铁等大型基建项目，也是有国家的支持才能成事。第三，在回归之前，我自问曾经也对中国共产党有一定的偏见。我当初以为，在回归之后，解放军会进驻香港，香港将会失去很大的自由度。但最后发现，中央政府较为克制。如先前提到的经济比预期中稳健，亦是因为香港有中央政府的庇护和支持。我认为很多时候，反而是香港人自己"惊咗先（先害怕）"，自己吓自己，然后反而说香港人受压，因而引起误解。回归至今20年，在绝大部分的时间，中央政府都给予香港很大的自由度自行做主。这是我觉得值得欣赏的地方。

刘：说了值得欣赏的地方，也想问一下杨小姐，你觉得现在有什么值得改进的地方？

杨：我个人认为有两方面。第一，现今的香港，社会矛盾严重。在回归之后，特别是近几年，年轻人变得关心时事，但亦是因为这样，他们容易变成政治工具。而香港教育一直以来都是实行精英制，这种淘汰制的教育制度，或多或少令现今的年轻人的价值观变得有些扭曲。他们变得追求名次，着重回报和物质、崇尚名牌、缺乏同理心，很少想到去贡献社会和分享。部分年轻人的心态和行为甚至过分偏激及排外。这引致了一些争端。我希望内地与香港人民能互相了解彼此的想法、欣赏彼此的文化。而中央政府和特区政府亦应给予多些机会让内地与香港人民互相了解，如举办一些交流团，让香港人可以借此寻根，了解内地的悠久文化及不同的生活环境。第二，我希望社会可以变得更公平，香港人可以凭自己的努力，在社会上取得属于自己的席位，不要变得利益归边，"法治"变"人治"。我认为特区政府应有更全面的资源分配。香港贫富悬殊的问题非常严重，在资源分配上应对弱势社群给予更多的关注。我说的资源，不单单是指金钱的分配，其实当中亦包括了时间、权力和政策上的分配和关注。

刘：洁心小姐，作为事业成功者，对香港有怎样的愿景？有什么可以与年轻人分享？

杨：我不算是成功啊，只是很庆幸能在自己喜欢的行业发展。对于香港的愿景，我希望香港人能够活在当下，努力当下，享受今日，不忘人生初衷。我认为不管香港是否回归，或社会是否给予机会，香港人都要凭个人的努力，达成自己的目标及梦想。香港是一个公平、开放的地方，又没有战争，香港人应该珍惜当下的环境努力发挥自己的才能，不应该有什么问题就先责怪别人甚至国家。其实很多事情，成功与否，关键都是先看自己有否好好去做，有没有把握当下的机会，有没有通过自身努力提升自己。

现时我也到了事业的新阶段，正在筹划自己的公司。以往我曾在建筑公司工作，担任项目统筹，令我看到内地的建筑发展迅速。除了有充足的资金用于设计及追求特色外，工作效率也快，已经不是一般港人所认识的那样。事实上，香港作为中介人的角色已经在慢慢褪色，近年内地人的教育水平不断提升，他们不需再依靠香港便能与世界接轨。因此，我认为现时唯一可以做的就是转型。就以设计业为例，虽然内地近年在经济各方面都奋起直追，香港很多的优势因而慢慢消失，但在设计触觉上，香港仍然有其中西文化共融的先天条件，产品的品质亦是香港的优势之一，故设计香港自家品牌也是香港的出路之一。

说到分享，我很庆幸自己在小时候能找到自己对设计的兴趣，也并没有因为置业问题，改变了自己的工作意向。在当时，设计行业亦比较吃香，因为这一行的投资和机会都多。当时的老板，也要求我兼顾很多与设计无关的工作，对此我没有去埋怨，反而感恩这样能获取很多额外的经验和学习机会。即使当下未能得到回报，我相信机会是留给有准备的人的。

高松杰：改变命运，以音乐助人自助

　　一位迷失的赌徒，曾经负债累累，一无所有，整整输掉了24年。如果是别人可能早就放弃了生活，但高松杰没有。他在机缘巧合下，与萨克斯管结缘，于是痛改前非，彻底戒赌，并与同伴张志仁先生合力成立萨克斯管音乐教育中心"音乐堂"。从此，高松杰成为音乐事业家、社会服务者，改变了很多基层孩子的命运。

　　他的感人故事，让他被传媒称为"绝境重生，逆境自强的青年领袖"。他先后获选为"青年梦想实践家协会"的"第三届青年梦想实践家"；被《都市盛世》杂志评选为"香港卓越商界奇才2013"；获得"香港星级品牌2013"中小企业奖；获得"香港十大中小型企业优质顾客服务大奖2014及2015"等；2016年又获《南华早报》"香港精神奖2016"的小区事务贡献奖；他又入选"中华名人录"，更作为首位华人青年入选第二届"全球可持续发展领袖2014"。

受访者:高松杰(以下简称为"高")
采访者:甘希文(以下简称为"甘")

甘:为什么你会想到用音乐来帮助孩子呢?

高:这跟香港的学习文化有关吧。香港很多学校,都要求学生懂得一两门乐器,而钢琴已经相当普及了,学校都已不再当作是一回事,可是在一群基层家庭孩子的眼中,相对昂贵的钢琴又是遥不可及的愿望。所以我担心,这些孩子就像俗语所说的,输在起跑线。

加上我自己的经历,令我心底总是希望帮助基层和弱势群体,给予青年自我实现的机会。随着音乐学校"音乐堂Music Shop"发展起来,也就发现了音乐也能够积极服务社会,所以我成立了"音乐堂慈善基金",为基层孩子提供义教,并组建"音乐堂义工队",聘用残疾人士,给予青年实习机会,现在每年举办超过30场义工表演。随着"音乐堂"至今踏入第17年,我们在香港已有3间分校,我还开办了香港第一家以萨克斯管爵士乐为主打的网络电台"We-Wa Jazz"。我想发扬的信念,总结起来就是:不应抱怨命运,只有逆境自强,才可闯过难关。

组织音乐义演

甘：你的这段经历，几乎与回归的20年重叠着。这期间，关于音乐方面的文化政策，你有什么观察吗？

高：是的，回归这些年，也是我发展音乐事业的日子，所以我留意到香港回归以来的艺术和体育发展，见证了进步。特区政府近年大幅增拨资源，支持体育的"普及化、精英化、盛事化"，效果是有目共睹的，最近一届奥运入围的香港选手，七成都能够进入十六强，成绩又向前迈进了。音乐方面，也越来越多非政府组织（NGO）为基层儿童提供免费音乐计划，可是香港始终太小，表演场地不足和昂贵，制约了音乐艺术的普及。不过我始终相信，与其太多批评，太多抱怨，倒不如转化为行动力，加入协作的行列，自己要先努力，而不是等待别人的施予。

简家铭：专注追寻梦想，为社会创造价值

  Khan Khasman Kasidi Mahmood，中文名简家铭，巴基斯坦裔香港人，从小痴迷中国武术，曾到河南少林寺求学练武。18岁参加"香港先生"选举，20岁创办香港武艺舞有限公司，立志将东方武术和西方舞蹈结合，跳出新时代香港年轻人的姿态。简家铭在香港九龙湾有自己的跳舞室，公司交由一群"90后"青年管理。

受访者：简家铭（以下简称为"简"）
采访者：吴钦武（以下简称为"吴"）

吴：家铭，你好！可以介绍一下你作为少数族裔在香港的生活吗？

简：我其实也是香港土生土长的，只是从小读书时，还是会有本地人觉得我长相不一样，有一些差别的看法。尽管如此，也有不少香港人以开放态度来对待我，把我视为香港人一样，正常地与我交朋友。

在成长的过程中，我也曾有迷茫："究竟我是巴基斯坦人呢，还是香港人？"其实我自己不太懂巴基斯坦的文化和语言，我甚少接触本地的巴基斯坦社群，但如果说我是香港人，又总有人觉得我是异类，所以在这方面有点困惑。

后来，我调整心态积极与人交往，不再自寻烦恼，单纯地把自己当成普普通通的香港人，生活便更简单快乐。现在我有香港的朋友，也有巴基斯坦的朋友，还有来自世界各地的朋友。

吴：那你的祖父辈来港后也有同样经历吗？

简：有的，甚至更严重。我爸到港那年，当时人们对少数族裔接受程度低很多。我爸在争取政府公职时，跟本地人比也会有明显的劣势。后来香港社会逐步开放，对少数族裔的接受程度大了，我才有参加"香港先生"选举的机会。

现在中环的某些办公室或商务中心，也开始聘请印巴人做前台服务岗位，也从侧面印证了香港作为一个国际化的都市，确实在进步和发展。

吴：听说你也曾经为学习正宗的少林功夫，跑到河南嵩山少林寺练武。能分享一下那段经历吗？

简：那段经历最大意义不在于学到了多少少林功夫，而在于体验了真正的修行生活。当时每天凌晨4点起床，上山跑步好几个小时；洗澡用的是从山上运下来的冰水，加上0℃左右的天气，很多时候连少林寺的师父都受不了。

回到香港后，对这里所拥有的一切就会很感恩——有软床可睡、24小时有热水洗澡等，看似微不足道，但实在心存感恩。

另一体验是在少林寺，大家没有凡俗的事情打扰、分心，专心练武，很多人从七八岁开始练，到20来岁就可以做教练甚至总教头。在香港很多年轻人，20来岁可能还在读书，不知道自己的方向和未来。也因此，我回港后便想到要创业，专注和坚定地发展自己的事业。

吴：你现在算是创业成功了。可以跟我们分享一下经验吗？

简：其实创业是很有趣的历程，只要你能为社会创造价值，就能够建立自己的事业，并获得合理回报。

在香港创业10来年，少数族裔的身份对我来说反而是一个优势。有很多客人，打开话题便是问我："咦，原来你是巴基斯坦人啊？为什么你广东话讲得这么好呢？"然后我也会分享我的身份和经历，用我的故事来感染他们。

简家铭一家人与武艺舞的工作人员合影（右一为简家铭）

创业最宝贵的，是由自己一个人到逐步建立起自己的团队，和他们一起经历创业的酸甜苦辣。我非常信任自己的团队，现在把所有事情都交给他们。

吴：谢谢你的分享。香港回归20周年了，你觉得日后少数族裔在香港的发展机遇会怎样？

简：我觉得首要是我们少数族裔要争气，不怨天尤人，不要觉得社会有歧视或者不平等。我们要看到我们自己的优势和机遇，为社会创造价值。像乔宝宝①和肥妈②等，他们都是通过努力、奋斗，立足于香港，给香港社会带来欢乐和喜悦，他们也会为少数族裔的年轻人加油，鼓励他们成长。

香港社会越来越开放，机会也越来越多，我也是透过个人的奋斗和团队的支持，才达到财务自由、享受人生。我认为，年轻人要早点找到自己的天赋和热爱，一心一意做好自己喜欢的事，为社会带来价值，梦想必可成真。

---

① 乔保罗（Gill Mohindepaul Singh）：艺名乔宝宝，是一名出生于香港的印度裔香港艺人。
② Maria Cordero：1954年出生于中国澳门，葡萄牙裔，香港女演员、歌手、节目主持人，常被观众爱称为"肥妈"。

朱罡霆：希望内地与香港能更融洽，互相促进发展

朱罡霆，GameSpace 多媒体有限公司创办人及 CEO，香港游戏创作协会召集人。由游戏玩家到成立自己的多媒体游戏公司，并取得 2 000 万港元创业基金，他成功地把兴趣转化为事业，亲身体验了香港计算机游戏行业的演变及发展。

受访者：朱罡霆（以下简称为"朱"）
采访者：吴芷柔（以下简称为"吴"）

吴：朱先生，你好，很高兴你能接受我的访问！我听说你是从事游戏设计的，便非常想访问你。

朱：我其实以前不是做游戏设计的呢。我因为有读写障碍，自幼学业成绩都是勉勉强强过关。到中七毕业后，我就投身珠宝行业，更为了珠宝行业而修读相关课程。但是，珠宝行业始终不是我的兴趣所在。于是我便决心转行，参与游戏开发。其实我一向对游戏算是有点研究吧，也加上熟悉使用电脑应用，电脑相关的知识，例如编程、服务器管理、互联网方面，我都略懂一二。在投身电脑行业的一两年后，我便在2010年开办现时的游戏软件开发公司。初期公司一直都是以网络游戏为主，现时则以手机游戏和虚拟空间游戏为主，算是有点成绩吧。我也找到台湾游戏软件开发公司共同合作开发游戏软件，现时公司发展十分理想，我自己也感到满意。

吴：啊，原来朱先生是一个成功的创业家！朱先生，能请你给年轻人一些建议吗？

朱：创业家也算是吧，但未敢算是成功。要说成功，我会更多地认为自己是社会的带领者，带领更多年轻人了解游戏行业。香港的经济过分局限于金融或地产行业，但这两个行业都需要一定的专业知识及较高的学历。就像我的情况，如果香港没有发展游戏行业，我也无法开办自己的游戏公司，最终也可能只会是一个普通的上班族，更因为学业成绩差而无法取得较高的社会地位和成就。恰巧当时香港社会多元化发展，才有游戏行业的发展，也才成就了我。所以我常常在学校讲座中勉励学生，就算学业成绩差，只要对游戏行业有兴趣，即可加入游戏行业。现时游戏行业，除了游戏开发商外，更有电竞选手、游戏设计师等职业，年轻人可按自己的兴趣选择。为配合特区政府鼓励游戏行业的发展，我与其他游戏开发商开办了一个游戏创作协会，常在学校举办比赛及活动，鼓励学生多了解游戏行业。

在香港游戏展论坛发言

吴：朱先生，很感谢你的建议。的确，年轻人最重要的还是要找到自己的兴趣。除了事业问题外，朱先生最关注的社会议题是什么？

朱：就我个人而言，我最关心的还是教育发展。香港教育制度的问题，其实在回归前便一直存在，直到2017年的今天仍存在。我认为教育发展的步伐不够快是导致有些年轻人和学生对社会有怨气的缘由。倘若教育可提供更多的出路供学生选择，社会必定会更健康。教育问题我是感同身受的，而我也常与公司内部的年轻人相处，了解年轻人的需求。教育应赋予年轻人更多出路，而非限制他们。

此外，作为一名商人，我对现时香港的司法制度及行业风气十分欣赏，我公司的知识产权及专利能确实地获得保障。而在行业风气上，香港的游戏开发商都十分团结，均希望自己能发挥长处，互相扶持。

吴：是啊，同行之间的互相扶持对产业发展非常重要。朱先生，想问一下你，你觉得现时香港有什么需要改善的地方？

朱：我还是认为最主要在于教育制度。香港教育过分侧重精英教育，只培育出某些金融、地产的专业精英，但社会不只需要这类行业的人才，还要有其他方面的人才。因此，特区政府应推动更多元化的教育。另外，我认为部分年轻人确实存在身份认同的问题，香港特区政府需推动更多中国传统教育。举个例子吧，游戏行业中最受欢迎的《三国志》游戏，竟然是日本出品，而非中国。我认为年轻一代自幼受日本、欧美文化影响较多，不太了解中国文化。老实说，作为一个商人，我不可能单纯为了推动中国文化而制作游戏，这方面的收益远不及其他游戏高。在推动中国文化上，也不能要业界承担所有责任。事实上，业界也不一定有这样的社会责任。相反，特区政府如果能够带动，并提供更多的资助，商界是愿意推动中国文化的。如果有资助的话，就算没有利润，商界也会愿意一试做"开荒牛"，带动整个社会风气。

吴：的确，香港特区政府应带头鼓励中国文化的推广。我也很期待既能玩游戏，又能学习中国历史文化。那么，朱先生，最后想问一下，你如何看待香港的未来发展？

朱：对于香港的未来，我期望香港会更加先进。近年香港逐渐被其他亚洲城市追赶或超前。香港在亚洲中原属极先进的城市，理应把握时机，而非故步自封。我也希望香港能在智能化上有更大的发展。科技是全球的未来，现时科技进步一日千里，香港须搭上科技的顺风船，发展更多科技产业。特区政府应投放更多资源鼓励科技产业的发展。时代不停在进步，制衣业和钟表业也在转型或被淘汰，如香港仍停留在非科技行业的发展，将失去亚洲"领头羊"的地位。

同样地，内地与香港融合，我是乐见其成的。香港在资源、土地、人才等方面十分缺乏，自内地与香港融合后，内地资金源源不绝流入香港，有助香港发展，而内地与香港之间的发展是相辅相成、互相促进的。往后，香港必须与内地有更紧密的合作，搭上"一带一路"的列车，使香港持续进步，保持在国际社会中延续发展的势头。

其实我自己对公司的成员感到十分欣慰，我见证着他们从一位学业成绩差的学生，变成月入两三万元的中产人士，并由此得以证明自己的价值，这是我个人感触最深的地方。

对于回归，我一直都十分乐观，认为是一件好事。部分朋友在香港回归前选择移民，但当他们发现情况并非如他们所忧虑那般，又马上回流到香港发展。我相信自己的体会，不会误信不实传闻。20年的回归生活，我不曾感受到任何负面影响。我会更希望，内地与香港能更加融洽，更好地促进两地发展。

唐钧豪：应该积极推动科技发展，鼓励年轻人投身创新科技行业

唐钧豪，土生土长的香港人，祖籍广东南海。香港科技大学计算机学系硕士毕业生，一直从事IT相关行业，现时为香港专业教育学院信息科技学系讲师，主要教授程序编写及开发。

2010年，他与一群人志同道合的年轻人创立了"青年IT网络"，定期举办义工活动，积极服务小区。另外亦透过举办城际IT应用系统开发大赛，促进香港及周边城市的创新科技发展，鼓励年轻人多尝试。

受访者：唐钧豪（以下简称为"唐"）
采访者：王颖怡（以下简称为"王"）

王：钧豪你好，在特区政府的政策范畴上，你最关注的是什么？关注的原因是什么？

唐：香港作为国际都市，一直以来都靠金融业及地产行业带动整体经济。但随着进入21世纪，各国都积极发展新科技，期望以新科技带动经济发展及改善人类生活。

作为亚洲都会，香港在法制、人才培养、人口素质等多方面都有绝对优势，特区政府应该积极推动科技发展，鼓励年轻人投身创新科技行业。相较邻近地区，例如我们的主要竞争对手新加坡，而香港在促进科技发展方面稍显薄弱，创新科技占我们整体GDP的比例并不大。

随着人工智能以及云端系统的成熟，一些传统行业将会被淘汰。正如20年前，个人计算机的出现，将打字员淘汰。在可见的日子内，一些以前意想不到的行业将会被淘汰，例如自动驾驶程序的出现，将会淘汰司机；翻译系统的出现及完善，将会令翻译服务的需求减少。而这个趋势将不只是在低技术或劳力密集的职位出现，在某些专业范畴亦将会有部分工种被计算机程序取代，例如外科手术，以往由医生执刀，未来将可能由机械人取代，医生将主要集中为病人诊断及决定治疗方法。

王：作为青年，你对科技政策范畴的发展有什么期望、建议和远景？

唐：由于社会环境转变，我们对下一代的要求亦将会转变，新一代应该更着重培育他们的创造性、项目管理能力、团队合作能力、适应能力、情绪智商等。至于在互联网随处可以找得到的知识，重要性相对较低。新一代的学习制度，应减少以背诵为主的"填鸭式"教育，而加强培养他们主动学习及搜寻知识的能力。

特区政府现在推行STEM教育①，STEM教育可以算是为香港未来培育创科②人才的基础。但特区政府除了为中小学提供额外津贴推动STEM之外，应该有更清晰的指引和方向，让每间学校清楚应该如何运用该笔津贴，提高成效。

---

① STEM教育：指对科学（Science）、技术（Technology）、工程（Engineering）及数学（Mathematics）四个学科素质培养的教育。
② 创科："创新科技"的简称。

张达成：希望『香港好，国家更好』

张达成，"80后"青年，于中国政法大学完成学士及国际关系硕士学位，现任港台青年创意联会主席，主推香港及台湾青年创业及创意发展，面向内地，寻找机遇。

受访者：张达成（以下简称为"张"）
采访者：赖凯韵（以下简称为"赖"）

赖：张先生你好！我知道你最近成立了青年创意联会，相信你会特别关注创意行业的发展，对吗？

张：是的。我创办这个联会，主要是有感于创新科技在香港的发展整体情况比邻近地区或内地落后。香港的科技政策，其实也跟不上现今社会发展趋势，例如近期热门话题"共享单车"，原本的出发点是为了取代部分短途交通的需要。然而在香港实行时，因为存在着既得利益者的关系，是要有政策调整或有相关配套设施配合，才能成事。

赖：的确，香港在创科发展和应用上相对落后。回归至今，你认为香港在哪些方面值得欣赏？

张：我觉得香港在人民币业务发展上是比较值得欣赏的。在2008年时，人民币面向国际化，首先在香港做试点，接着在新加坡、伦敦等地做离岸中心。从这方面来看，香港勇于为祖国将人民币走向国际化，也惠及自身，我认为这是非常好的事。

赖：那么，你又觉得，香港在哪些方面做得不足？

张：不论是香港与内地的交流，还是国民教育的推行，我觉得都是做得不足的。国民教育是必需的，国民意识要长时间地去加强。如果想在几年内追回以前的进度，是比较困难的。国民教育需要有长远计划，要慢慢地潜移默化，影响新一代。特区政府可在学校或学生的各个学习阶段入手。例如在其他地区或国家，无论是国庆或其他大型节日，到处可以看到国旗。在香港，可以添加这些软性元素，激发市民对国家的热爱。

赖：香港特区政府应塑造有利提高国民教育的环境和条件。那么，作为青年，你对香港的发展有何期待、建议和愿景？

张：我希望特区政府可以将产业再工业化，将空置的空间进行活化。香港现今的社会、科技及金融经济的发展，有很多地方还依然停留在20世纪七八十年代的厂房或都市建设。我作为青年，希望并期待香港可以迈

推动港台青年创业及创意发展（前排左一）

向具创新意识的科技都市。香港在过去都很依赖科技创新，香港人有灵活的头脑及良好的管理，因此期望香港未来在这方面会继续进步。

赖：那么，你对青年创业发展又有什么看法？

张：我期望特区政府可以加大支援青年创业的力度。创新创业这个意识，虽然香港在近几年才开始实行，但内地在近10年前已提出。香港在2015年的施政报告，才稍微提及。行政长官梁振英的最后一份施政报告，开始有较大篇幅提及创新创业，但依然不足，对创新创业的实际配套不多，对小众创业也没有直接关系。在香港，不少青年都有创业，例如开网上商店等。特区政府可加大力度，为他们提供诸如交流活动、论坛、教育讲座等支援，提高他们在创业创新上的参与度和成功率。青年在创业初期都属摸索阶段，大部分都是失败的，及早给予支援，对他们帮助很大。

赖：最后想问一下你，你在香港回归当年有何感受？现在的感受又如何？

张：回归那年我还是一名小六学生，当年的心情没有什么特别。当时小学的国民教育比较少，平时是靠家人或看电视去认识国家。我是靠看书去了解《中英联合声明》的内容，才知道香港是要回归祖国的。现在回归已20年，记得在10年前，和几个在北京读书的青年去做采访，感受很深刻。现在希望"香港好，国家更好"，这也是所有香港人，热爱国家的香港人的心底话。

吴钦武：
年轻人要保持积极开放的心态，
不怨天尤人

　　吴钦武，现任智富学苑导师及中国区执行董事。他出生于广东省普宁市，曾就读于香港城市大学及马里兰大学，获颁发数学学士学位。在校期间积极参与学生组织活动，担任城大内地学士学者联谊会（CSSA）主席、香港广东青年会会长及香港潮汕同学会副主席。毕业后，他毅然放弃汇丰银行的工作，加入智富学苑，成为合伙人之一。

受访者：吴钦武（以下简称为"吴"）
采访者：韩乔（以下简称为"韩"）

韩：吴先生，你好！为什么你会选择来港读书的？

吴：其实这是一个意外啊。我在提前批次报读香港城市大学，当初只是想碰碰运气，没想到真的被录取，就选择来香港。

当时对香港的印象，觉得香港是个充满故事和奇迹的城市，既遥远又亲近。"遥远"是香港在我心目中的地位，是一个国际大都市和金融中心。对于在潮汕地区出生的我，香港是遥不可及的大城市。说到"亲近"，则是因为我的家乡潮汕与香港的距离不远。在家乡时，不时会有从香港来的亲友讲述香港的故事，让我感到香港非常亲切。那时我是非常期待来香港发展的。

韩：那么，来到香港后，觉得跟你的期待有没有出入？

吴：老实说，完全是喜出望外。香港实在让我大开眼界，很多新鲜的东西不断映入我的眼帘。校园内我感受到香港的国际化和大环境的人性化。我记得当时大伯陪我来香港城市大学报到。校园的指示很清晰，从报名到选科都非常人性化。像我这样的一个"大乡里"①，也没有迷路或不知道怎样办。

韩：你似乎真的很喜欢香港。我知道你在香港的校园生活也非常活跃，还担任了内地学生会主席，相当不简单。

吴：也不是很厉害。其实我在来港前两个月便在看 TVB，总算学会了广东话。所以来港后，语言沟通上是没有太大问题的。对我最大的挑战反而是一些制度和观念上的差异。刚来读书时，觉得这里是很自由的，没有班集体或指导员之类的，大家都是很独立的个体。香港比较强调个人隐私和生活，少有内地那种一呼百应的"哥们儿"。所以当你遇到问题或者心情不好时，便不知道找谁倾诉或求助。

---

① 大乡里："乡里"本来是同乡的意思，粤语将乡下人称为"大乡里"，如"大乡里出城"是指没见过世面的人看见自己未见过的事物就觉得大开眼界。

内地与香港差异不仅仅是在语言上，而是在文化和思维方式上也不一样。我们内地生与香港本地生对一些社会事件的看法以至日常课堂习作的题目，取材和角度都会不同，总有点小摩擦。后来内地生们也慢慢形成自己的圈子，平时交往和活动也是和内地同学比较多。

与学员合影（前排左二）

韩：也谈谈你的事业吧。为何当初你会放弃很多人梦寐以求的银行工作，而选择到智富学苑担任导师呢？

吴：智富学苑是一个终身学习的平台，它不只教授技巧性的操作，也教授思考方式和为人处世。后者是构成幸福人生的关键，比如家庭相处、财商、领导、沟通能力等，都是传统教育不会教的。智富学苑有着一份使命，就是要让更多人抓紧这些人生的关键，人生真正重要的东西。

加入智富学苑，可以说，就是一份使命感使然，我期望的，是帮助更多人同时取得事业的成功和家庭的幸福。有不少学员成功了，他们非常感谢我们，也会回智富学苑来做志愿者，把自己的经历和正能量传递出去。我相信我没有选择错误。

用我近期的一个学生Roy做例子。他跟太太Emily在2016年年中才开始接触智富学苑的。他之前做过香港汇丰银行和渣打银行的分行长，是传统意义上的成功人士。他的工作压力很大，经常要做沉闷的文书工作。在上课之后，他找到了自己的事业天赋，选择离开传统的银行，创立自己的公司。就在短短3个月内，他所成立的公司，已发展到有50多个员工。他不用再整天坐在办公室里处理文书，而是做回自己，并有更多时间陪伴家人和朋友。

韩：啊，这是个很重大的改变。相信Roy很享受现在的生活。香港回归20年了，作为导师，你有什么可以"指导"一下香港的青年？

吴：香港是一个开放的地方，到处充满机遇，也有很多挑战。年轻人要保持积极开放的心态，不怨天尤人。凡有任何问题，其实都能够在自己身上找到原因。我们应多做检讨和自省，提升自己，这样才能拥有自己想要的人生。在解决了自己的生活基本需求后，行有余力，便要对社会有一份使命感，贡献香港社会和国家发展。

杨晓航：香港和内地的关系会变得更好

　　杨晓航，现就职于甲骨文系统香港有限公司，此前曾在香港浸会大学、德国国际贸易公司、日本瑞穗银行工作，香港浸会大学信息科技管理理学硕士，北京师范大学管理学学士、法学学士。

　　社会公职及服务包括：香港清远社团总会社会事务部副部长、香港阳山同乡会常务副会长、香港黄埔各界联合会青委会理事、香港佛山禅城石湾海外乡亲会青委、"城市智库"成员、香港浸会大学研究生会前内务会长、北京师范大学珠海分校香港校友会发起人，以及香港计算机学会专业会员、电子联盟会员、香港创新协会执委、文善社副主席等。

受访者：杨晓航（以下简称为"杨"）
采访者：吴芷柔（以下简称为"吴"）

吴：晓航，听闻你是在内地长大的，可以介绍一下自己吗？

杨：我现时从业于资讯科技界，是一名电脑工程师。我毕业于北京师范大学，获法学学士及管理学学士学位，之后到香港浸会大学修读理学硕士学位。我自幼在内地长大，一直十分喜爱香港。至于从事资讯科技工作，则是因为我自幼购物或暑期实习时，都对电子转账十分感兴趣，觉得电子转账有很多不足的地方，便设想科技上可否完善这些不足，也因此对资讯科技界产生浓厚的兴趣。我毕业后曾担任一家德国贸易公司亚洲区的电脑工程师，后在某日本银行负责线上资料保安的工作。现在则在一美国公司负责资讯科技安全、云计算及大数据。我们说到的资讯科技安全，泛指保障一些线上大额交易，确保能在绝对安全的情况下进行。而云计算及大数据则是一些国际崭新的领域，我负责具体落实这些技术。

吴：晓航，对于香港的议题，你最关注的应该也是资讯科技界的发展吧？

杨：是的，资讯科技界的发展是我最关注的。此外，创意产业及香港青年发展，也是我关注的议题。香港是一个国际金融大都市，科技发展可为市民提供更多生活便利。美国或其他先进地区近年也重点着力于资讯科技的发展。在创意产业方面，我经常举办内地考察团，听内地一位朋友说，他十分欣赏香港青年的创意，更愿意将旗下的产品设计交由香港青年负责。那位朋友更认为，由香港青年设计的产品，包装更具国际化水准，与外国商家贸易时会有更大的机会成功。至于香港青年发展方面，我见到香港不少青年，对社会各类议题有极大的热情，但我建议年轻人还是应先专注学业，待累积更多的实践经验后，方将精力放在社会议题上会较为适合。

吴：是的，香港应该花更多时间在经济发展上。晓航，你作为内地来港人士，觉得香港最值得欣赏的是什么？

杨：我一直十分欣赏香港人的狮子山精神，这种精神是香港能一直稳坐国际大都市地位的原因之一，狮子山精神更需一代又一代延续下去，不同岗位的人都需要不断改善自己，令自己成为更好的自己，社会才会有所进步。我也学会了这种精神，一直追求更好的自己，并结合自己所拥有的知识，发展事业。毕业后，我一直参与多项有关资讯安全的项目，又为了追求更先进的项目，转到现时的公司工作，掌握更多的时机及技术。

吴：晓航，那你又觉得，香港有什么需要改进的地方？

杨：主要有两方面：一是出现了一些社会纷争。虽然香港主流社会还是十分和谐，且都在可接受的范围内，但有部分青年参与这些纷争。我个人认为，年轻人还是要把精力放在学业上。学生有独立思考能力固然是一件好事，但独立思考能力的培养，除了来自课本外，更需要生活经验的支持。学生应在不同方面多多学习。二是要放远目光。我认为内地一直给予香港十分多的支援，如粤港澳大湾区。香港应把目光投到内地。同时也要放眼世界，香港的施政报告曾提出智慧城市，这个概念是十分前卫的。巴西的巴塞罗那，美国的洛杉矶、华盛顿亦有提出相关的议题，智慧城市的出现令人十分期待。

吴：据我所知，雄安新区也将会建成智慧城市。希望香港也能尽快开展计划。晓航，香港回归已20周年，你对香港未来的前景怎样看？

杨：就香港的愿景，我希望香港特区政府可以招揽更多的年轻人才进入"城市智库"，并多聆听智库意见。智库对香港特区政府非常重要，智库有来自各行各业的核心人才，更是一个国家或地区十分重要的咨询架构组成部分。这些人才在政策讨论期间，能提供具自身经验或专业知识的方案或建议予公众和社会。

对于我从事的资讯科技界的愿景，因科技日新月异，今天的新科技随时变成明日黄花，所以业界需要马不停蹄、与时俱进。然而，要进步便需要资金投入，我冀望香港特区政府能投入更多的资源在资讯科技界。投入的不仅是资金的支援，而更多是创业津贴。因为创业并不是一至两个月便能收支平衡，即使再有前景的项目，亦有可能需时一至两年才能达到。因此，特区政府不仅要提供资金援助，更要有津贴，双管齐下，资讯科技界才能有所进步。

吴：的确，特区政府在创业上要有更多支持啊！你刚才说到，要放眼内地。那么，你怎样看待内地与香港融合？

杨：我认为"能积微者速成"，即在一件事上累积一些小成就，便能更快地得到大成就。回归20年，香港与内地一直在逐步融合，无论在经济上还是社会上的联系，都愈来愈紧密。香港市民亦渐渐了解内地，内地与香港融合的趋势会继续走上坡，加上又有广深港高铁、粤港澳大湾区，香港和内地的关系会变得更好。

在回归当年，我已经常来港贸易，也有观看中英双方举行的香港政权交接仪式及解放军进驻香港的情况。即使20年过去，当时的画面依然令我十分感动。20年后的今天，国家强大了，我感到十分自豪。香港与内地是同根生，荣辱与共，冀望香港背靠祖国，并克服所有的困难。

贾超：全情投入，奉献香港

　　贾超，陕西富平人，1986年生于陕西咸阳，2008年来到香港，先后毕业于南京东南大学及香港科技大学，现为上海财经大学在读博士，并任香港一家上市公司信息科技经理。担任香港多个青年团体的职务，积极支持香港与内地交流合作、创新创业活动，并热心义务工作，多次获评优秀义工及优秀青年义工称号。

受访者：贾超（以下简称为"贾"）
采访者：卓隆（以下简称为"卓"）

卓：为什么会选择来到香港读书？在香港适应困难吗？你的广东话说得很好，是不是有什么秘诀？

贾：从地理位置来说，来香港读书与到江苏或其他内地省市读书，距离差不多，所以我选择到较国际化的香港读书。

刚来香港时，最需要适应的是语言。我作为北方人，学习广东话比较困难。为了适应香港的生活，我买了一些培训语言的书籍，坚持看电视及听电台广播，学习广东话。这些方法效果不错，在香港科技大学就读时，我已可用广东话跟同学沟通。

能否克服视乎人的心态和兴趣，有同学觉得广东话用处不大，所以没用心去学。但我觉得选择在香港生活，掌握广东话，有助于更好地和本地人沟通。

卓：你在香港适应得不错，有没有将你的经验向"同路人"分享？

贾：近年，不少内地青年选择来港进修后，都会继续留港工作。为了令他们容易融入香港社会，我在2010年与一班香港本地朋友组织成立"青年智专会"，现出任会长一职。我亦积极参与香港本地、新来港及专业界别的活动和事务。

人在异乡，更需要别人的支持，如能认识一群香港本地朋友，会更容易适应香港的生活；若只跟背景相同的同学来往，就难以深入了解香港社会。

卓：今年是香港回归祖国20周年，凭借你跟香港青年交流的经验，有没有什么想跟香港青年分享的？

贾：香港社会有许多富有上进心的青年，其中只看到社会的不足的青年只占少部分。沟通有助解决问题，但不应用分离的态度。香港青年关心国家、关心香港，可更努力建设社会，多提出建设性意见，但不应过度理想化，提出太多不切实际的意见。

我和多数港人一样，是一名"打工仔"，部分人或会觉得打工没有前途。但香港不乏机遇，这视乎大家愿意花多少努力去发掘出来，以及努力的方向是否正确。

卓：你对香港的未来发展有信心吗？有没有什么个人目标和理想？

贾：我对香港充满信心，视香港为个人事业发展的中心，相信国家会一如既往支持香港。香港要把握"一带一路"倡议和粤港澳大湾区城市群发展规划等发展机遇，也希望港人对社会有信心，不要太悲观、负面地看待事情。身为香港的一分子，我衷心希望自己能为社会进步、和谐做出贡献，令香港变得更好，不要落后于人，保持国际地位。

陈子翔：常谦虚、常饥渴、常帮助，打造自己的未来

陈子翔，在香港城市大学获得制造工程及工程管理一级荣誉学位，辅修市场行销学士，并在香港大学获得经济学硕士学位。他在2016年获得首届富比世亚洲"30位30岁以下的商业领袖"的名衔，并在2011年获得汇丰青年企业家奖亚洲区总冠军。他也热爱体育，曾服役于中国少年棒球队，现在是全国顶尖羽毛球俱乐部的队员。

陈子翔于2010年创办了水中银（国际）生物科技有限公司，致力打造世界领先的检测认证平台，加强食品、化妆品与水体环境的安全。"水中银"现成功地组建了国际化的管理团队，得到国际知名资本支持，服务对象包括国内外领先的检测中心、政府机构、国际大型的化妆品集团及食品集团。陈子翔也是多个国际公司与风投基金的投资者与战略顾问。

受访者：陈子翔（以下简称为"陈"）
采访者：吴钦武（以下简称为"吴"）

吴：陈总，你好！听闻你的事业发展非常曲折，能告诉我们你的故事吗？

陈：吴董事（吴钦武为智库学苑的董事），你就不要这样叫我了，好吗？叫我子翔就好了。其实我是在广州长大，那时非常喜欢打棒球，还成了国家少年棒球队成员。后来我才放弃我的体育生涯，转而去求学。我以优异的高考成绩考进了香港城市大学，获得了全额奖学金，然后到现在便已经是香港永久居民。我在香港城市大学主修工程学，辅修市场行销。当时，香港城市大学跟国泰航空有一项合作，就是每年学校提名毕业生到国泰工作，我是其中一人。后来我被取了个外号，叫 CFO。CFO 其实是指"首席鱼官（Chief Fish Officer）"。因为当时我自己做了个专案，是用鱼来检测食品安全，后来这个专案取得了一些成绩，所以我就成了大家所说的 CFO。

吴：那就是你后来创办"水中银"的起点和原因？

陈：也不完全是。其实小时候我是运动员，2008 年北京奥运会，我有很多队友参加，但同年却出现了三聚氰胺毒奶粉事件。当时我便想，国家强大了，人民富裕了，但婴儿的食品安全却都无法保证，这是非常可惜的。所以我便很在意食品安全的问题。

吴：听你这样说，"水中银"的创办目的，就是希望为国家食品安全把关吧。这真的非常有意义。不过，要做好食品安全，看来不是一件简单的事情。

陈：是的，这当中牵涉很多因素。其中一个特别重要的因素，就是传统检测的落后。传统检测一般只针对 3~5 种物质，但环境里面却有上 10 万种有害物质需要检测。我在国泰时，由于当时不是特别忙，所以做了很多研究，发现不少大药厂已开始用鱼做药的筛选和处理。所以我就灵机一动，想把用在药物领域的这种鱼测试，用在食品和化妆品等产品上面。我们用生物体去模拟人体反应，每次能测试几千种甚至几万种物质，这便解决了传统检测的问题。其实现时全球都有学校在做这类检测研究，包括剑桥和麻省理工等，但还没有人把这个用在日常生活用品上。后来我发现自己大学的研究院原来也在做鱼检测的研究，便去尝试寻求合作。

吴：最终成功了，所以就创办了"水中银"，对吗？

陈：其实也不是这么顺利。有一句话就是：如果事情这么简单，便早已有人做了。其实当中的困难很多。

首先说融资，光是这个专案的启动，就需要上千万资金。我作为一个还没有毕业的大学生，何来一千多万的资金？而且这是个高风险、回报期长的项目，谁愿意把钱交托给我这个未毕业的人呢？我当时见了几百个投资者，心中坚信，在999个投资者中，有一个最后愿意say"yes"（首肯）便可。我认为这种不屈的信念，是我体育生涯锻炼出来的。结果确实遇到很多投资者冷嘲热讽。最终，在我参与的创业大赛里，其中一个评委与我交流时，认为这个事情很有意义，便给了我第一笔启动资金。

其次是团队问题。公司所有的高管，年纪都比我大，学历都比我高，如何能让我指指点点？我能找到他们合作，是因为我们都有共同的使命。我觉得梦想越大、使命越大，才能吸引更多志同道合的朋友和伙伴加入，然后一起去实现梦想。

所以在我创业的过程中，我非常感激我的团队，能与我并肩战斗，一起前行。另外，我们也很荣幸能邀请到梁锦松先生、刘宇环先生当我们的董事会会员，为公司增添一份认可。

吴：你说的梁锦松，就是香港前财政司司长、现任南丰集团的主席吧？我知道梁先生除加入了董事会外，也对"水中银"有重大的帮助。

陈：是的，我们拿到了南丰集团的B轮融资，可以说是非常大的突破。现时，我们正准备把"水中银"建成安全产品的入口。Google是资讯的入口，Facebook是社交的入口，Uber、滴滴是出行的入口，"水中银"则是安全产品的入口，就是建立一个食品、化妆品的资料库，让整个供应链，从原材料端到消费者，在购买产品时，都有一个决策数据。我们不只是希望做检测和认证，而是要成为产品安全的入口。

我的座右铭是"不但要将事情做好，更要做好的事情"，现在算是有点成绩，但还是要继续努力。

吴：这听起来是很励志的故事，祝愿你能成功。你有什么话可以给香港青年作为勉励？

陈："水中银"一直有个理念，就是3H原则，3H分别是stay humble（常谦虚），stay hungry（常饥渴）和stay helpful（常帮助）。Stay humble 和 stay hungry，其实乔布斯都已经讲过了。而第三个stay helpful，是你要时刻想着怎么帮助你的同事、你的员工、你的股东和你的消费者，以及所有你身边的人。助人其实也是自助，今天你帮助别人，他们日后自然也会帮助你。年轻人多谦虚学习，互相帮助，一定会有良好的发展。

吴：最后，你也知道香港回归已经20年了。请问你对香港回归有何感受？又如何看待内地和香港未来的前景呢？

陈：作为一个香港青年，我对香港的回归是发自内心地感到自豪和高兴，也对香港回归20年来的建设和发展感到欣喜。

对于内地与香港未来的发展前景，我是十分看好并且满怀期待的。我觉得香港的经济体制和金融市场，对于内地的城市发展具有非常重要的借鉴和参考价值；而国家规划的粤港澳大湾区也会让内地与香港的联络更加紧密，发展更加快速，甚至成为东方的"硅谷"。

与前香港特别行政区财政司司长梁锦松先生合影（左一为陈子翔）

吴池力：积极发掘香港的真善美，未来必会很精彩

　　吴池力，是最早赴港深造的"港漂"的一员。他在2006年到香港科技大学深造，2008年智慧建筑技术与管理专业硕士毕业，2012年机械工程专业博士毕业。在博士毕业后，他选择留在香港科技大学霍英东研究院建筑物能源研究中心工作，五年间由经理、副研究员晋升至总监。工作团队也由寥寥数人发展为40人。他与研究团队先后主持和参与了国家、香港特区政府、广东省、广州市科研资助项目超过20项，获授权专利17项，发表论文18篇，并与工业界达成合作，开发"抗霾"冷气机、风力发电机等，所孵化的创业企业已注册运作。

　　吴池力博士在2010年创办新港青年会并担任首届主席，在7年间，会员由百多人增至超过2 000人。2015年，他当选为第十二届中华全国青年联合会委员。

受访者：吴池力（以下简称为"吴"）
采访者：刘东哲（以下简称为"刘"）

刘：吴池力博士，你好！我很有兴趣知道，你当年为何决定到香港来？

吴：我是2006年来香港读硕士的，当时内地刚开放赴港读书，赴港读书的内地学生还是比较少，就像我读的专业，40人中只有5名内地生。特别是香港科技大学，内地生的比例更低。我们都是英语授课，日常生活都说广东话；懂普通话的香港本地人不多。香港的老师和同学，还有香港社会，其实都非常亲切友好。当时我来港坐地铁，拿着一大箱行李要上扶手电梯。有善心的人提醒我，可以去坐升降电梯，还教我怎么走。

至于说到来港深造，我的理由很简单：一是有亲戚在香港；二是自小经常看香港电视剧，一直就想来香港。我大学念的是南京理工大学，冬天比较湿冷，实在受不了，还是觉得工作就要到更南的地方。在大二、大三时，看到香港的大学在招研究生，便开始准备，一到大四上学期便迫不及待地递交申请，很快便收到录取通知。

刘：之后你便在科大读硕士、博士，然后在香港工作？

吴：其实我硕士毕业后先在外面工作了半年。那是一家楼宇设备顾问公司，专门做楼宇设备的设计。我是该公司首名内地员工，因表现良好获得一定的器重。然而，我读硕士期间的那个项目，获得特区政府资助，教授便问我是否有兴趣读博士。我如果继续在当时的公司，三年后大概能成为注册工程师吧。但相对而言，我还是喜欢从事研究的工作。我读硕士时，便经常跟着师兄出入实验室。我当时考虑，读完博士后，不一定前途会更好，但我可以选择到工业界，也可继续在学术界发展。而其实我自己比较外向，更希望日后可以创业。

很幸运地，在完成博士学位后，大约在2012年吧，科大在内地发展了多个平台，其中包括广州南沙的霍英东研究院。正好教授们想找一个熟悉内地和香港的人负责项目对接，所以我便很幸运地留在学校工作。现在我的总科研项目经费已经超过 7 000 万人民币了。

刘：哇，这实在太厉害了。听说你除了读书外，也有自己组织活动？

吴：其实是因为困在实验室太久，便希望可以到外面走走。我小时候当过班长，中学、大学也做过学生会主席，所以周末就组织爬山活动，后来逐渐吸引了很多大学的内地学生参与，人数超过 100 人。一个人办这样的百人活动，是有点吃力的。于是我便邀请一些志同道合的朋友，一起轮流组织活动，开展了"探索香港"系列的爬山活动。后来大家熟悉了，喜欢一起吃饭聚会，便又组织了"欢聚香港"，交流在港生活、工作或学习体会。后来呢，有的人谈恋爱，有的人结婚，便发展成新港青年会。说来这个会已经出了十几对新人，是内地生来港读书的交流平台。再后来，有些人在港定居了，觉得香港就像我们的第二家乡。大家都是拥有硕士、博士学历的，在香港享受良好的生活品质，也希望能回馈一下香港社会，所以我们又组织了"奉献香港"的系列活动，就是组织会员去报名做不同的义工，例如慰问老人或陪伴小朋友。

刘：你说把香港视为第二家乡。那么，你自己对香港有怎样的感觉？

吴：香港是一个国际化大都会，是中国的一个国际窗口。在香港，我们可以和世界各地更频繁地接触，更容易培养出国际视野。在香港，你可选择往内地发展，也可选择走到国际舞台。我自己感觉，香港是一个非常开放和包容的城市，香港市民一般来说都非常友好。这里有世界各地的人，也能吃到世界各地的不同的美食，超市能买到世界各地的产品。所以我很喜欢香港这个国际化大都会。

刘：**我也很喜欢香港呢。香港回归 20 年了，你怎样看新港青年在香港的角色？**

吴：我觉得我们可以扮演内地与香港沟通的桥梁。就以我为例，我在香港科技大学清水湾本部工作，但每个星期还是要去广州拓展合作，走访广州企业和广州市政府。我也会走访广东、福建、江苏、安徽、山东、北京、上海等地，拓展合作机会。我熟悉内地，也熟悉香港，在内地与香港之间充当联络人是比较容易的。我也希望有更多新港青年，可以从事沟通工作，促进内地与香港融合。现时内地与香港合作最多的是金融项目，例如内地公司来港上市，或香港资金到内地投资。这些都是新港青年具优势的工作。此外，也要积极发掘香港的真善美，寻求适合自己发展的行业。香港有很多发展的机会，好好努力，未来必会很精彩。

钟明新：凭着狮子山下的精神，勇往直前

  钟明新，土生土长的香港人，在大学期间修读电子工程，现为电动车生产企业的助理工程师。

受访者：钟明新（以下简称为"钟"）
采访者：邱威纳（以下简称为"邱"）

邱：你好，可以介绍一下你自己吗？

钟：我是土生土长的香港人，享受了多年免费教育，现时在电动车生产企业从事助理工程师职位。对于这份工作，我觉得十分富有挑战性及具有新鲜感。一般而言，在香港从事有关"车"的行业，通常都是汽车销售。而我的工作，则是有关混能小巴的研发。我自己作为土生土长的香港人，十分喜爱香港。香港拥有廉洁的制度，市民也奉公守法，社会也有公平、公正和公开的规则。更重要的是，在这里，我深深感受到浓厚的人情味。因此，我希望能为香港社会贡献更多。

邱：是的，我也很喜欢香港。香港回归20年了，你怎样看这20年来的发展？

钟：我觉得内地在香港的经济发展上帮助很大，例如中央政府开放了大量自由行城市，令内地人往来香港更方便，大大促进香港零售业的发展。而在回归后，内地与香港融合加深了在经济方面的合作，为香港带来了不少机遇。内地有13亿人，销售市场十分庞大，所以本港经济要有长足的发展，便须面向内地。

邱：你觉得香港回归以来，有什么地方是需要改善的？

钟：老实说，香港的科研水平可算是相当"落后"。我因为工作关系，需要经常到内地进行交流，便发现内地的科技发展迅速。例如现时内地使用微信进行支付，已经十分普遍和成熟，可说是科技与生活相结合。无论任何阶层的人士，皆能享受当中的便利，这是社会的一个突破。相反，香港仍碍于安全问题等因素而迟迟未应用。港人需要改变心态，在科研发展和生活应用上急起直追。此外，我个人认为，内地的公共资源分配妥当，例如内地部分大城市开始实行以低价租借单车的共享服务，惠及不同阶层的人。香港特区政府可参考内地勇于创新的做法，兼顾可持续发展，并妥善分配公共资源。

邱：你觉得在香港回归后，最值得关注的议题是什么？

钟：其实我自己已经在开始考虑建立家庭，需要面对结婚生育的问题，所以最关注的是房屋问题。香港的楼价高企，加上通胀①远比工资增幅快，专业人士或得到家人支持的人或能负担得起，但一般市民是难以"上车"的。若是为了置业而节衣缩食，失去所有享受，则了无乐趣。所以我非常期望，香港特区政府在未来能针对港人置业问题，推出置业优惠政策，令更多人能容易"上楼"。

邱：听你这样说，我也有点担心自己未来能否置业，成家立室。我们也谈谈你的行业吧。你是从事混能小巴研究的，是高科技行业，可以为我们介绍一下这个行业的前景吗？

钟明新先生的工作照片（前排右一）

---

① 通胀："通货膨胀"的简称。

钟：我个人的看法是，本地混能车研发行业，技术和产品都是全新开发的，跟早已发展成熟的日本产品竞争十分困难。绝大部分运营商，他们力求稳打稳扎，不愿意去试验新产品，大大加重了本地混能车行业的营运负担。但我相信，竞争虽然困难，凭着狮子山下的精神勇往直前，我们还是会成功的。现时特区政府是有提供补贴的，但仍然不足够。我也寄望香港特区政府未来能在运输基金方面扩大资助额，支持本地混能车的发展。而就我自己的工作方面，很幸运，不少前辈乐于分享自己的经验，并在旁提点，令我能在待人接物上变得成熟和谨慎。

罗华辉：事业的成功在于拼搏，人生的价值在于奉献

罗华辉，籍贯广东汕头，2016年获得香港城市大学应用经济理学硕士学位。现任国际潮籍博士联合会秘书、香港城市大学深圳校友会理事。他正计划投身文化艺术领域的创业。

罗华辉自幼在绘画方面取得多项奖项，曾在全国绘画比赛中夺得银奖。他也热爱音乐，自学声乐两年，于2016年夺得香港城市大学研究生歌唱比赛冠军。

受访者：罗华辉（以下简称为"罗"）
采访者：刘东哲（以下简称为"刘"）

刘：华辉，你好！很高兴认识你。你说你是土生土长的潮汕人。那么，为什么选择来香港？

罗：我觉得能来到香港这个有着独特历史的国际化都市升学，是非常幸运的。

我选择来港，一方面是申请来港升学还比较简单，而香港在金融经济方面具优势，是国际金融中心，具有国际视野。香港也离潮汕地区较近，能够照顾家庭。老实说，在港求学这一年，我已经被这座城市的魅力深深吸引。这里的法治规范完善，中西传统历史文化也与这个现代都市高度和谐融合。这里既有西方元素，也保留了中国传统的习俗与文化，例如舞狮、锣鼓等传统技艺。在中元节期间，每年都有举办大型的盂兰盛会，弘扬孝义礼教观念。我觉得这种文化的融合与共生，是这颗"东方之珠"的魅力所在。也是因为这样，我希望能在香港发展文化艺术产业。我知道创业过程不容易，但我相信只要坚持做，一定有收获。

说回来港求学和留港就业。我深切体会到，香港的就业率虽是亚洲第一，但竞争也最为激烈。我自己求职的心得，就是深圳大学的校训：脚踏实地，仰望星空。我来港之初，便非常留意求职信息，也请教我的师长和前辈。无论在简历、面试和职业规划上，都下了相当的功夫；我也积极参与各类活动，丰富自己的经历并广交益友。我认为只要脚踏实地，做好规划，便能向理想迈进。

我本科和研究生都是修读金融与经济专业，但现在我却是选择投入文化艺术创业。有朋友便问：既然你有相当的美术天赋，为什么不选择修读美术专业？我自己的看法是，一方面，美术对我来说是一种享受，而不是作为一门专业；另一方面，艺术来自于生活，又高于生活，所以我不把它视为一门专业。创作过程需要沉淀，需要尝试，需要保持着敏感，这些需要在生活中提炼；此外，我相信通过五年的商科学习，能为我在艺术领域上的发展打下良好的基础。

现在的工作我觉得十分有意思，一方面我在潮汕的国际性学术社团工作，可说是为家乡的建设尽一份绵薄之力；另一方面，我也享受着绘画、声乐的乐趣，亦不断寻求突破，积累能量。我认为这些经历，都会成为我日后艺术发展的素材。

刘：华辉，我知道你现在正考虑创业，能分享一下你的心路历程吗？

罗：当然没有问题。我觉得创业就像艺术般，要时刻让思维保持着积极活跃和敏感。我在参与的一些活动中认识了不少青年才俊和资深前辈。每次跟他们交流，都能拓宽我的视野，使我调整自己的定位和路向。

我认为，创业的点子固然重要，但更重要的是要建立自己的团队。我知道好队友可遇不可求，我会先成为一位好队友，才有资格去找好搭档。

刘：华辉，我知道你现在也从事不少志愿工作，服务香港社会。

罗：是的，我目前是香港城市大学深圳校友会理事会成员，希望打造一个平台服务校友，做好校友联系。同时，我们校友会也会发起一些慈善公益项目。

香港城市大学深圳校友会理事会就职典礼（左十）

我觉得服务家乡、贡献社会是非常重要的事。我们潮汕地区，有一位心系家乡的大慈善家陈伟南先生。他既成功创业，也不忘慈善，贡献家乡。他有一句话："事业的成功在于拼搏，人生的价值在于奉献。"我十分认同这句话，也因此，我在谋求自身发展的同时，也要求自己多奉献，将正能量带给身处的地方和家乡。

刘：看来你是很有理想的年轻人！在这里我先预祝你成功。说回我们这次访谈的主题。香港回归已20年，你对香港青年未来的发展有何寄语？

罗：其实我自己也在摸索阶段，未敢说什么寄语。不过，我发觉一旦出来工作或创业，私人时间越来越少。所以，有效的时间管理非常重要，在时间管理上要有很强的自律性。然而，这个是有一点难度的。毕竟，人还是有惰性的，而且我们也年轻，很容易被诱惑吸引。而我自己的体会是，当你有足够的激情去投入一件事情，便会专心一志。要保持这种激情，并满怀憧憬地立即动手做，去把它实现。此外，身体是革命的本钱，无论多忙，也要坚持运动，坚持休息，将身体保持在最佳的状态。我相信这也是成功的基础。

钟丹：自强不息，创造未来

  钟丹博士，现为香港高等教育科技学院特任导师。出生于四川，2007年底赴港读书，毕业于香港理工大学。毕业不久即于香港高等教育科技学院工作。

受访者：钟丹（以下简称为"钟"）
采访者：陈晓锋（以下简称为"陈"）

陈：钟博士，你好！你是四川人，为何选择到香港读书？

钟：我是2007年到香港读书的，然后在这里学习和工作。回想起小时候在四川，那时是20世纪90年代，香港电影非常盛行，满大街播放的都是"四大天王"的歌。所以当时便想到，日后能来香港便好，这可以说是自小埋下的种子吧。到我本科毕业，申请研究生，美国和香港两边的学校同时录取，我毫不犹豫地选择了香港理工大学。到了香港，我才发现，香港不仅有高楼大厦和双层巴士，还有开放自由的文化氛围。除了学习外，我还体验到了西式的"宿舍文化"。那时大家没有班级观念，宿舍成了大家组织活动、结交朋友的主要场所。宿舍内的同学，不分中西、男女，一起享用美食，畅聊音乐电影，结下了深刻的友谊。直到现在，我还跟当年的室友保持着联系。而我自小便听粤语歌，所以来港一个月，便已经会说粤语了。

在博士毕业后，我便开始计划自己的未来。香港是个自由平等的社会，我相信在这里，只要好好努力，总有出头日。之后，机缘巧合下，我在香港高等教育科技学院找到了教职，从事学术研究及安排香港学生到内地实习和交流的工作。

香港是一座国际化大都市，中西方文化并存的中转站，在这里生活学习，能拓宽眼界和人生阅历。我希望成为香港电视剧里描述的职业女性。

陈：可以分享一下你在香港读书的体会吗？

钟：在香港读书，最大的体会是，教授们教学都非常专业，也绝大部分是英语授课。香港的教学既国际化，也相当强调实用性，同时也鼓励自主学习。

在学校生活的这几年，很忙碌和务实，不少同学还会同时兼职，例如通过帮人补习赚取生活费，暑假也有各种实习机会。在香港学习，也让我眼界大开，这里既有开放的资讯，也可以和阅历丰富的老师、同学和学长学姐们交流。

不过，其实我最多时间是留在图书馆。这里的图书馆座位充足，Wi-Fi等配套完善，还有海量的图书，可以说是学习资源的宝库。

临近考试和在撰写毕业论文的日子，我和伙伴们都在这里奋战，有时一大早便看到大家躺在地上睡着，自然就是整晚在图书馆留宿奋战的结果。

陈： 在图书馆留宿，真的是不得了的体验。作为四川人和"港漂"，你怎样看香港这个地方？

钟： 香港是非常平等的，任何人凭着努力，通过竞争，都可以担任各种职位；但同时香港是残酷的，时刻有被辞退的可能。香港人是友善的，你工作上有什么不懂的，他们都乐意去帮你；但香港人也是严苛的，工作上的丝毫细节都不肯妥协。

香港是一个守秩序的城市，干净整洁，市民整体素养较高。香港也是个开放的地方，很多事情可能会冲击到旧有的观念，也不会有"永远的对"，要保持开放的心态不断改变和学习。

不过，虽然我在香港生活多年，但仍未能融入这里。工作繁多，也压力很大。香港的生活成本奇高，房租昂贵，留港的内地毕业生，多选择与人合租。工作一整天，回到只有几平方米的房间，一张床、一张电脑桌。洗漱过后，便匆匆进入梦乡，连向这个繁华城市说句晚安也来不及。不过，我的理想并未因此磨灭。

陈： 的确，香港的生活压力是颇大的。你从内地过来这个陌生的地方，能这样应付下来已经很不错。

钟： 我们有句话，就是留学生活造就"女汉子"。留学在外的女孩子，外表漂亮动人，内在也特别坚强。一路走来，我意识到出门在外，要付出更大的努力，才能取得学业和事业上的成功。有时是不得不坚强，学业和生活上的困难都要自己来解决。

我现在平时除了上课、科研外，还要安排香港学生到内地实习。作为理科学院，学生须有一定的实习天数，也注重他们的动手能力。有些香港学生对到内地实习存在误解和偏见，认为内地落后，甚至一开始会担心有没有洗发水卖、有没有热水洗澡、有没有Wi-Fi上网。他们对内地的认知只停留在电视和报刊上，不知道现在内地已非常先进。所以有时候，要花相当大的功夫才能让他们安心。现在我们的研究重点是内地绿色科技的市场发展潜力以及他们这个行业的创业环境和就业市场情况。我希望可以帮助香港青年与内地青年交流互访、建立人脉，增强他们的自信，提升就业竞争力，以及他们对中华民族传统美德的敬仰。

陈：你这么年轻，便这么关注年轻人的发展，实在令人佩服。香港回归20周年了，你对香港青年的发展怎样看？

钟：我觉得要鼓励他们多到内地交流。我们不少实习同学回港后，收获丰硕，对个人人生规划与生活态度都有不一样的感受和正面效果。他们更乐意亲身走近祖国，了解国情，关心国家和社会，逐步建立起国家民族感情。到内地实习，也扩阔了他们的视野，加深了对内地的企业文化、社会制度与教育制度的认识。更重要的是，与内地青年共同交流、联谊、参观、访问、游览与观光等活动，让香港青年与四川学生建立深厚友谊，对国情有更深入的了解。成功之路都是充满坎坷，我希望香港年轻人能坚信目标，不断努力，以坚忍和有担当的心，自强不息，创造未来。

组织香港学生暑期实习计划顺利结束后的分享会合影（二排左六）

石俊杰：香港是一个繁荣安定、幸福美满的城市

　　石俊杰，香港珠海学院中国文学系学士学位课程学生，曾于校内担任系会主席及学生会副主席的职务。

受访人：石俊杰（以下简称为"石"）
采访人：黄锦良（以下简称为"黄"）

黄：俊杰，你好，你曾经参与学生组织，能说一下你的经验和感受吗？

石：参加学生组织使我明白，要把一个活动由无变有，是一件很困难的事。你必须要全心全意投入去做，才能获得成功。过程中，系会和学生会之间有不少争执，让我了解到自己表达能力的不足，这些都是很好的成长经历。而我参加学生组织，主要原因有两个：一是我想突破原来的自己，原来的我不喜欢这些会"出风头"的活动。但想到，既然这是我最后的在学阶段，之后便要工作，便觉得不妨一试，挑战自己未做过的事。我认为人生在世，最重要的是突破原来的自己，这样才不会故步自封。二是因为我当初进入珠海学院时，周围有不少学生感到自卑，也对学校有所不满。我觉得我们无须自卑。的确，我们有比别人不足的地方，但也有比别人好的地方。所以我希望，借着筹办一些活动，与同学们一同前进，一同改变心态，这是我积极参与学生活动的原因。

黄：你参与了不少学生活动，应该接触过很多青年学生吧？能谈一下你所接触的香港学生给你的感觉吗？

石：我曾参加过不少学生组织，发现身边有些同辈有喜欢抱怨和随便便的心态。在某种意义上，生活环境的提升，令年轻人都不需担心生活问题，反而只会思考去哪玩乐，对时事的关注度减少；当然亦有关心时事的朋友，他们之中有些人也具有分析时事的独特智慧。

学生们对时事的不同意见容易造成纷争，导致早前的在社交媒体上删除好友的举动，累积的友情毁于一旦，这是我不愿看见的。

黄：说到玩乐，社会上不少人常批评香港大专生玩世不恭。你自己又怎样看待这个问题？

石：凡事都有两面，有人会说香港大专生很懂得玩乐，但他们也有认真的时候。在我看来，香港大专生是很懂得变通的一群人，他们都很聪明，亦会勤奋地向自己的目标冲刺。

不少人会认为香港大专生很差，但其中很多人都没有亲身接触过香港大专生，了解他们的能力。这是香港典型的社会问题，就是喜欢看坏的一面，而非好的一面。

黄：说到好的一面，能谈一下你最欣赏香港的地方是什么吗？

石：香港无可否认是一个自由城市。城市居住治安环境良好，无须担心深夜会遭人打劫之类。街道上也不会堆积垃圾，整洁卫生程度都在可以接受的范围内。就教育来说，虽然教育的内容及手法有待商榷，但认可性方面却毋庸置疑。在很多外国人眼中，香港是一个现代化的璀璨城市。

黄：作为一个即将毕业的学生，你对香港的发展有什么愿景？

石：说实话，此刻我尚未找到自己的目标，但身边的人都纷纷投身公务工作或金融产业。这令我思考，香港是否真的只剩下这些出路。

香港的产业太单一化，大多数人着重于金融行业，其他行业及产业却未得到足够重视，令香港人普遍认为从事某某行业就是成功人士，却忽视年轻人其他方面的发展。假如香港特区政府可以多投资创意产业，或是多重视一些小众行业，巩固文化的根本，其收益及回报必定会慢慢回来。

黄：有人说内地与香港融合是大势所趋，你怎样看？

石：香港是中国领土是不争的事实，回归后初试与内地人接触，可能会产生一些磨擦，这是磨合的必经阶段。另外，在融合的同时我认为没有必要去改变香港既有的习惯。我自己选读中文系，我认为繁体字以及广东话有其价值，是应当保留的。

黄：你对香港回归有什么感觉？现在回归20周年了，你又有什么感觉？

石：回归后，内地与香港人民首先要面对的是两者在相处时出现的磨擦。有些香港人会认为内地人没有礼貌，但我也曾从事服务业，明白到各地都会有不礼貌的人和有礼貌的人，与来自什么地方无关。回归前的移民潮，是因为他们恐惧未知的将来，但回归20年后的今日，雾霾逐渐消散，更多人选择回流香港——他们的家乡,这恰好证明了香港是一个繁荣安定、幸福美满的城市。

但愿新一届特区政府可以令小朋友无忧无虑,令年轻人勇于追梦,令成年人安居乐业。

潘俊恩：天下为一家，中国为一人

潘俊恩，现为香港树仁大学历史系四年级学生。个性活泼、开朗，热爱书法、运动、电影、文学创作等，曾担任系内足球队队长与电影会外务副主席，亦积极协助学校拍摄宣传片与参加学生助理工作，兼职香港公共管治学会研究行政主任，拥有丰富的学生工作和活动经验。

受访者：潘俊恩（以下简称为"潘"）
采访者：洪锦铉（以下简称为"洪"）

洪：俊恩，你好！我知道你非常关注香港青年的国家归属感问题，可以讲一下你的看法吗？

潘：就我的感觉而言，身边有的年轻人对国家的认同感较低。但当问到他们什么是"民主""自由""国家主义"时，不少人都只是一知半解。现在在社会风气影响下，有些香港年轻人的"本土"意识较"国家"观念重，甚至逐渐将两者对立，这是我不愿意看到的。

洪：嗯！其实我也非常忧虑。不过，听到你这样说，我觉得情况没有想象中坏。香港回归至今已经20年了，你觉得这20年来，有什么最值得欣赏呢？

潘：我认为香港的法治和言论自由保障最值得欣赏。"法治"是香港社会的核心价值，居民有义务奉公守法。香港社会多数能包容不同的声音，求同存异，即便有矛盾也懂得彼此尊重。

另一方面，香港在国民教育方面则需要改进。近年来香港不少的冲突，源于部分人对中华文化感情根基薄弱，而向往西方的"普世价值"，把"德先生"（Democracy）错误理解为"德菩萨"，忽视中华文化中的伦理纽带与人文精神。因此，我认为香港特区政府应加强国民教育，耳濡目染，从小培养新一代对国家的认同感与正确的价值观。

洪：我非常同意。国民意识是国家民族的基本底蕴，必须要有所传承。你对香港未来有什么期望？

潘：我是非常希望香港特区政府能为年轻人提供更多就业机会。现时适逢国家提出"一带一路"倡议，香港特区政府应该加强宣传，并培养相关专才，这既可配合国家倡议，又可以创造就业机会，帮助年轻人找到自己的角色定位，发掘自身价值。

洪：我也认同年轻人应参与"一带一路"的发展，找出自己的定位。不过，我觉得要先解决内地与香港融合的问题。

潘：香港之于内地有其独特的优势，其中包括比较完善的法律制度和社会保障、自由的营商环境、得天独厚的地理位置等。香港可以利用以上优势寻找自己的定位。而且，内地地大物博，拥有巨大的发展潜力，可以凭着其庞大的资金与人才流入等帮助香港经济发展。因此，内地与香港融合某种程度上能让香港吸纳内地所长，补己所短。但是，在"一国两制"下，香港也应该保持其独特性，保障自身社会的健康发展。内地与香港融合没有绝对的好坏，关键是如何去平衡，缩小内地与香港的文化差异，继续稳定发挥香港高度文明城市的形象，屹立于中国一线城市的行列中。

洪：俊恩，你刚才说了香港的发展。那么，你自己对未来又有什么打算？

潘：我现在仍是大学生，不太需要为经济烦恼。但对于前途，还是非常紧张的。我现在积极寻找自我价值，在学术研究成果上已有点成绩。我

足球比赛合照（前排右五）

会在2017年年底于台北大学发表学士毕业论文,这也是对自己的一种肯定。"学不可以已",2018年我准备攻读硕士学位课程,不断学习,寻求进步的空间。我是读历史系的,在香港从事历史教育行业的前景不太乐观。不过,作为香港公共管治学会的一员,不时接触政界、商界、教育界等方面的人士,言谈之间学会了待人接物与成熟的处事方式,有助自身的成长,可算是珍贵的收获。"莫等闲,白了少年头,空悲切",我时刻把岳飞的这句名言铭记于心,珍惜自己的青春,不断鞭策自己进步。

"天下为一家,中国为一人",香港始终也是中国的一员。每一个香港人,都是"一人"中的齿轮,缺一不可,盼望年轻人奋发向上,为社会做出贡献,活出属于自己的价值。

后 记

香港回归20周年，是一个值得纪念的时刻。其实我原先没有打算安排任何庆祝活动，自然也没有想过编写这本书了。当然，相信在7月1日当日，我也会在电视前，看着金紫荆广场升起国旗的一刻。到时也许会到卡拉OK房，唱一下国歌和《歌唱祖国》。

说到这本书的缘起，其实开始时不是由香港这边发起，而是由广东那边提出。而这本书可说是香港与广东双方合作完成的，是"粤港融合"的成果。

我之所以参与这本书的编辑，可说是因缘际会。我因工作关系，在去年再次遇上"城市智库"召集人洪锦铉议员。我跟他早在2007年认识，但因我工作太忙，逐步淡出社区，我俩也因此失联。

去年我转工了，刚好他到我的新公司做客，我们才再次相遇。他也邀请我加入了"城市智库"。意想不到的是，艰苦的任务竟然接踵而来。洪议员突然告诉我，广东高等教育出版社正准备出版一套纪念香港回归20周年的丛书，约了该社的编辑于3月15日在香港富豪酒店会面。

听到他这样说，我心里是矛盾的。一方面，觉得这件事很有意义，值得参与，毕竟涉及回归盛事。另一方面，又觉得太忙。最后，终于接受洪议员的邀请出席会面，并参与编写工作。

我们原先决定好，要访问100名青年（后来调整为60名），然后汇集成书，作为香港回归20周年的见证。我们不希望这是一本"歌功颂德"的书，而是希望这本书具有建设性，能对香港的发展产生正面作用，也能见证香港回归至今的发展。所以在问题设定上，我们要求受访者除了谈一下自己对回归的感受以及自身行业的发展外，也希望他们能说一说香港的不足之处或值得改进的地方，并勉励一下香港的青年。

在会面结束后，我们便立即制备报名表格，邀请各界青年接受访谈，当中包括土生土长的香港人，也包括准备在香港落地生根的"港漂"或"新香港人"。我们亦邀请到少数族裔接受访问，希望这本书能更立体和全面地见证香港回归20年。同时，洪议员也安排了学生义工作为采访人员。我们希望那些学生义工在采访期间，能有所学习和进步，对香港当下的情况以及香港回归的意义，有更深刻的认识和体会。

在编写期间，我们遇上了各种各样的"不顺利"情况，例如稿件迟了两个月才交来，部分来稿的格式出现问题（原先是一问一答的访谈，却变了访谈感想），使原本艰苦的任务更见艰苦。尽管如此，学生义工们在绝大部分时间都非常合作，在此感谢他们的辛勤和任劳任怨。此外，也非常感谢洪议员在过程中的包容。其实在编写本书的过程中，有时我会因来稿质量问题和稿件迟交问题，大肆"教训"洪议员。但他并没有因此生气，也没有做任何抗辩，只默默按照我的"要求"配合。没有他这份包容，可能在编写途中，我便跟他闹翻了，然后不欢而散。最后也感谢广东高等教育出版社方面的体谅，把交稿日期一再延后，并在过程中分批同步处理稿件，让本书能在7月1日前完成，作为庆祝香港回归20周年的礼物。

虽然过程中遇上不少波折，但最终还是顺利完成。香港也一样，在回归过程中，有顺境，也有困难。但无论如何，最终成果是美好的。我们艰苦奋斗，迎难而上。也就是有着这份精神，我相信香港明天会更好，国家明天也会更好。

在此，诚意把这本书，献给所有血浓于水的中华儿女！

余嘉明
2017年6月5日